Cómo Dibujar Letras A Mano

Dibuja Estampa Pinta

Si este libro le ha interesado y desea que le mantengamos informado de nuestras publicaciones, escríbanos indicándonos qué temas son de su interés (Astrología, Autoayuda, Ciencias Ocultas, Artes Marciales, Naturismo, Espiritualidad, Tradición…) y gustosamente le complaceremos.

Puede consultar nuestro catálogo en www.edicionesobelisco.com

Colección Libros singulares
CÓMO DIBUJAR LETRAS A MANO
Max Marlborough

1.ª edición: junio de 2022

Título original: *Hand Drawn Lettering*

Traducción: *Manu Manzano*
Corrección: Sara Moreno

© 2021, The Salariya Book Company Ltd.
con IMC, Lit. Ag. S. L., España
(Reservados todos los derechos)
© 2022, Ediciones Obelisco, S. L.
(Reservados los derechos
para la presente edición)

Edita: Ediciones Obelisco, S. L.
Collita, 23-25. Pol. Ind. Molí de la Bastida
08191 Rubí - Barcelona
Tel. 93 309 85 25
E-mail: info@edicionesobelisco.com

ISBN: 978-84-9111-873-2
Depósito Legal: B-8.253-2022

Impreso en SAGRAFIC
Passatge Carsí, 6 - 08025 Barcelona

Printed in Spain

MAX MARLBOROUGH

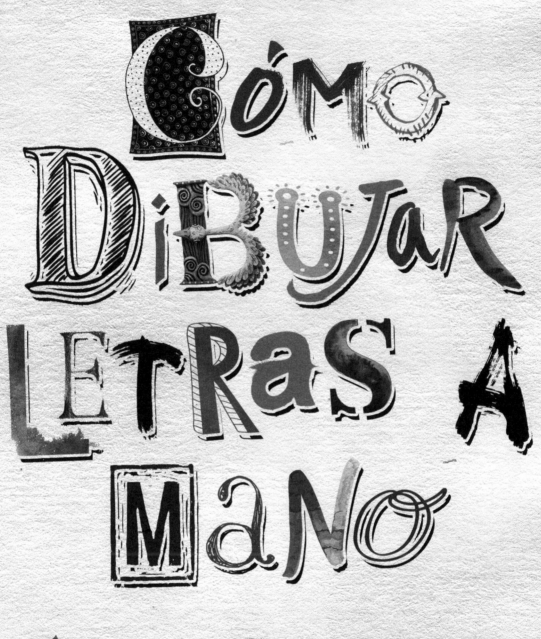

CÓMO DIBUJAR LETRAS A MANO

DIBUJA ESTAMPA PINTA

EDICIONES OBELISCO

Índice

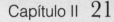

Capítulo V 81

Hecho a mano

Capítulo VI 101

Estampación

Capítulo VII 111

Inspiración

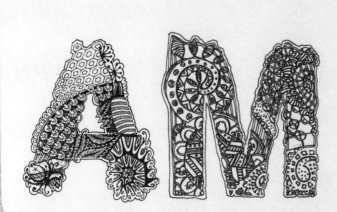

Capítulo I
EMPEZANDO

ABCDEFG abcdefg
HIJKLMN hijklmn
OPQRSTU opqrstu
VWXYZ vwxyz
1234567890
(?!+-&@$%*)

Introducción

La escritura a mano es el arte de dibujar y pintar letras; no es tipografía ni caligrafía. La caligrafía se basa en el trazo y en el arte de escribir letras.

Antes del siglo XV, todos los libros se escribían a mano. Los monjes podían pasar toda la vida trabajando en un solo libro, por lo que los libros eran muy raros y costosos.

La invención de la imprenta por aquellos hombres que fueron pioneros en los tipos móviles y las imprentas, William Caxton (c. 1422-1492), Johannes Gutenberg (c. 1398-1468) y Nicolas Jenson (1404-1480) lo cambió todo. A partir de entonces, los libros impresos se pudieron producir rápidamente y llegar a muchas más personas. Así se difundieron las ideas, aumentaron los niveles de alfabetización y se inventó la «industria editorial».

La mecanización de la composición tipográfica revolucionó el proceso de impresión. Con la llegada de los ordenadores, el proceso de impresión de diseños se revolucionó una vez más. Los diseñadores podían darles a las letras cualquier forma que necesitaran. Por supuesto, esto significaba que cualquier persona con un ordenador podía seleccionar un tipo de letra y un tamaño de fuente. Redescubrir las letras a mano puede crear resultados que son completamente únicos e individuales. Las técnicas artísticas y de creación de letras de este libro se muestran en etapas sencillas, paso a paso, para iniciar un viaje de creatividad alfabética.

Serif:
Times New Roman

ABCDEF
GHIJKLM
NÑOPQRST
UVWXYZ
abcdefghij
klmnñopqrs
tuvwxyz

Sans-serif:
Helvetica

ABCDEF
GHIJKLM
NÑOPQRST
UVWXYZ
abcdefghij
klmnñopqrs
tuvwxyz
123456789

Anatomía de una fuente

En tipografía, una sans-serif es una letra que no tiene las pequeñas características salientes llamadas «serifs» al final de cada trazo. El término viene de la palabra francesa *sans* que significa «sin» y la palabra holandesa *schreef* que significa «línea».

Sans-serif

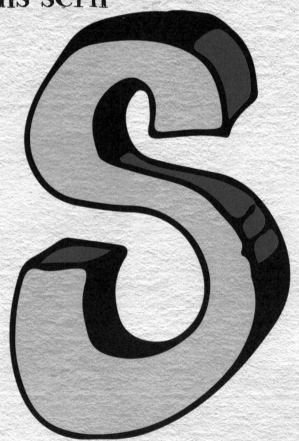

El redescubrimiento de las ruinas clásicas en el siglo XVIII influyó en el estilo del diseño de letras. El uso de *sir* John Soane de letras sans-serif en sus dibujos arquitectónicos influyó en los diseñadores.

Se cree que fue
diseñada para pulir
letras talladas en
piedra, el serif es el
pequeño trazo final
o floritura.

Serif

Serif

Entender las formas de las letras

1. **Negrita** es un peso de fuente. Las letras son más gruesas y oscuras que el texto estándar. En negrita se destacan las palabras o las letras (fig. A).

2. Las letras en **bastardilla** se inclinan ligeramente hacia la derecha (fig. B).

3. *Chunky* es un término moderno que se refiere a un tipo de letras cortas y gruesas (fig. C).

4. Las letras **cursivas** están escritas en un estilo de escritura caligráfica fluida (fig. D).

5. Los **trazos descendentes** se forman cuando el bolígrafo se mueve de la parte superior a la inferior de una letra. Tradicionalmente, en caligrafía, se aplica más presión al trazo descendente para hacerlo más grueso (fig. E).

6. **Caja alta** es sinónimo de letras mayúsculas. Las mayúsculas se almacenaban en la parte superior de los compartimentos de las cajas de tipos en las imprentas, de ahí su nombre (fig. F).

7. **Caja baja** se refiere a las letras minúsculas de un tipo de letra, que se almacenaban en la parte inferior de los compartimentos de las cajas de tipos en las imprentas (fig. G).

8. El **interlineado** es la cantidad de espacio entre cada línea de texto. Por lo general, se mide a partir de la base de la palabra que se encuentra debajo (fig. H).

Entender las formas de las letras sólo es realmente necesario cuando se dibujan a mano letras que se basan en tipos de letras tradicionales.

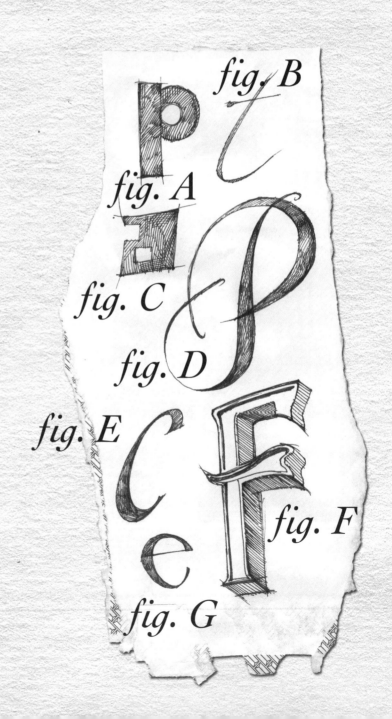

fig. B
fig. A
fig. C
fig. D
fig. E
fig. F
fig. G

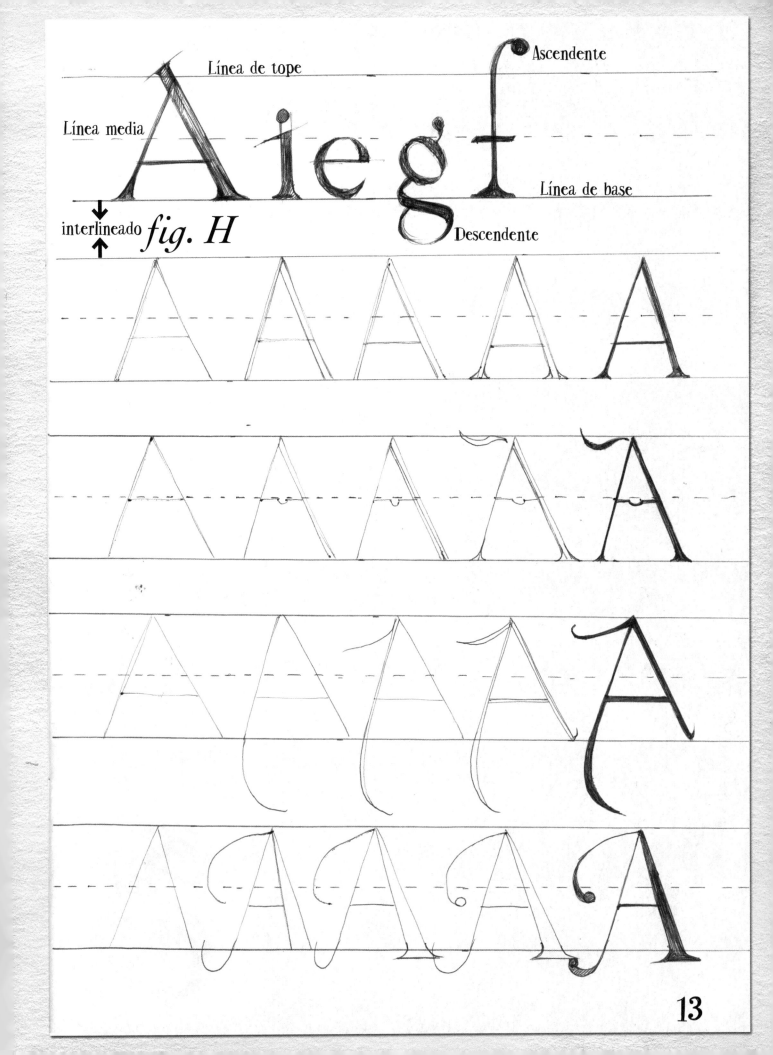

Línea de tope

Ascendente

Línea media

Línea de base

interlineado *fig. H*

Descendente

13

Materiales

A. **Bolígrafos de cartucho de tinta** con las puntas oblicuas, disponibles en medidas fina, media y ancha.

B. **Bolígrafos con punta de fibra a base de agua.** Para usar en muchas superficies.

C. **Sacapuntas manual** para todos los lápices. Como alternativa, utiliza un bloque de papel de lija o un cuchillo de artesanía bien afilado.

D. Los **lápices de colores** están disponibles en una amplia gama de colores. Las versiones solubles en agua también se pueden utilizar para crear un efecto de pintura de acuarela.

E. Las **plantillas curvas,** hechas de metal, madera o plástico, vienen en diversas formas. Se utilizan para conectar formas curvas.

F. Los **lápices** vienen en muchos grados diferentes. HB o 2B son lápices de dibujo estándar. Elige lápices que se adapten a tu estilo y preferencia.

G. La **regla flexible** es un dispositivo ajustable para crear curvas de cualquier tamaño.

H. Los **pinceles** para pintar están disponibles en muchas formas y tamaños y son adecuados para una amplia gama de soportes. Están hechos de fibras sintéticas o de pelo natural, como en los pinceles de ardilla o de marta.

I. Las **bandejas de acuarela** de bloques sólidos son más fáciles de manejar, porque están dispuestos en una caja de pintura. Sin embargo, muchos pintores prefieren trabajar con tubos. También se encuentran disponibles ahora lápices o rotuladores de acuarela.

J. Los **rotuladores** pueden estar diseñados ergonómicamente para facilitar su uso. Algunas tintas son a base de agua; consulta la etiqueta del fabricante.

K. Las **plantillas** son patrones o piezas que se superponen al papel que se utilizan para dibujar letras, formas o diseños.

L. El **líquido enmascarador** se puede utilizar con acuarelas o tintas. El líquido enmascarador te permite pintar libremente sobre áreas enmascaradas, en lugar de tener que pintar alrededor de cada forma.

M. Las **pinturas de cera** también pueden ser solubles en agua.

Otros materiales: Goma de borrar, tijeras, cinta adhesiva, tinta, tablero de dibujo, papel de calco, papel cuadriculado.

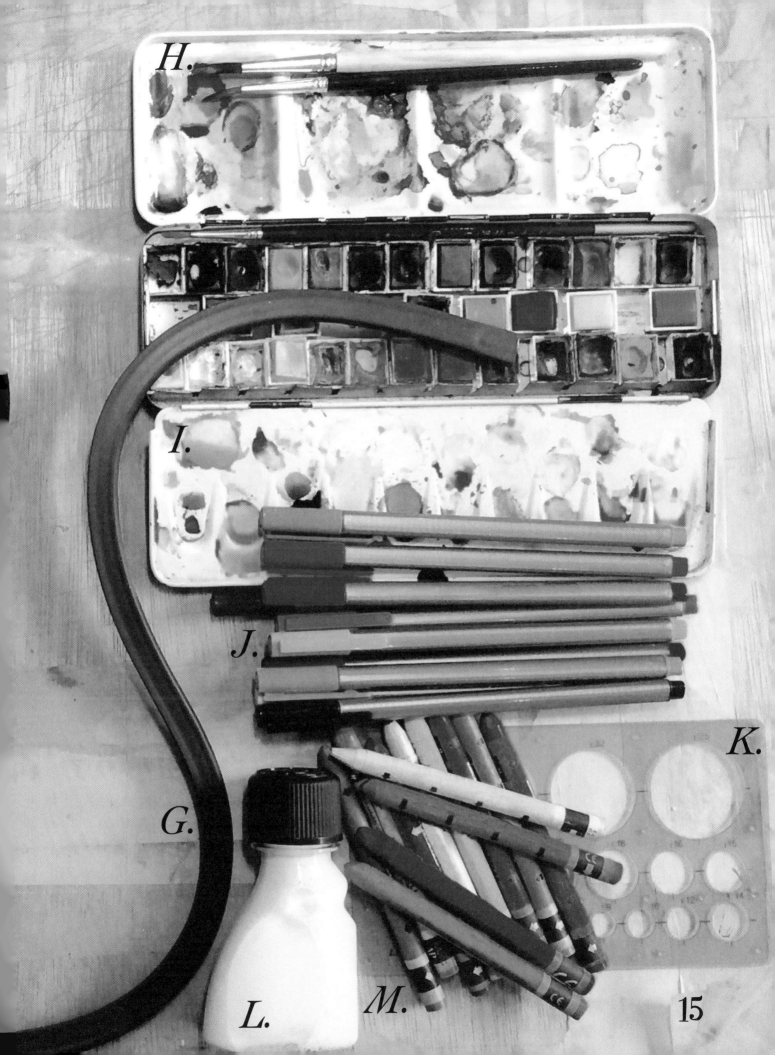

H.

I.

J.

G.

K.

L.

M.

15

Colores primarios

| Rojo | Azul | Amarillo |

Rojo, azul y amarillo son los tres colores clave que no pueden ser obtenidos por la mezcla de ningún otro color. Se llaman colores primarios. Todos los demás colores se derivan de ellos.

Colores secundarios

Morado   Verde   Naranja

Al mezclar dos colores primarios, creas un color secundario. Morado, verde y naranja son todos colores secundarios.

Rojo + Amarillo = Naranja
Rojo + Azul = Morado
Azul + Amarillo = Verde

Colores terciarios

Rojo-Naranja   Azul-Verde

Al mezclar un color primario con uno secundario creas un color terciario. Rojo-naranja, amarillo-naranja, amarillo-verde, azul-verde, azul-morado y rojo-morado son todos colores terciarios.

Color

La rueda de colores es un diagrama circular que muestra la relación entre los colores primarios, secundarios y terciarios. Todos los colores tienen una temperatura: algunos colores son cálidos y otros son fríos. La rueda de colores es un dispositivo útil para comprender el color y la mezcla de colores.

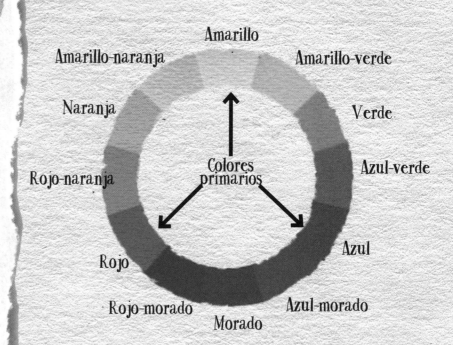

Colores complementarios

El rojo y el verde son colores complementarios, igual que el naranja y el azul. Se encuentran uno frente al otro en la rueda de colores (arriba). Colocados uno al lado del otro, crean esquemas de colores vibrantes y chocantes.

Papel de acuarela

El papel para acuarela viene en tres superficies diferentes:
• Rugoso
• Prensado en caliente (PC)
• Prensado en frío (PF)

Papel rugoso

El papel de acuarela rugoso tiene la superficie más texturizada. Cuando se aplica una pincelada a este papel, la pintura se acumula al azar en la textura corrugada. Esto crea un efecto granulado y moteado.

Papel prensado en caliente (PC)

El papel de acuarela prensado en caliente tiene una superficie muy lisa y sin texturas. Esta superficie lisa se logra presionando el papel con cilindros calientes. Este tipo de papel es bueno para los detalles finos. No absorbe agua tan rápido como el papel prensado en frío, por lo que permite más tiempo para trabajar la pintura. Es ideal para tamaños grandes.

Papel prensado en frío (PF)

El papel de acuarela prensado en frío tiene una textura ligera que retiene bien el pigmento. Este papel es una buena opción para la mayoría de los pintores. Proporciona suficiente textura y es más fácil de utilizar que los papeles rugosos.

Historia del papel

Antes de que se inventara el papel, se utilizaban diferentes tipos de materiales para escribir. Los sumerios usaban tablillas de arcilla para escribir haciendo marcas en la arcilla blanda. Las tablillas de arcilla eran fáciles de hacer y cabían en la palma de la mano, pero eran pesadas de transportar.

Los antiguos egipcios escribían en piedra, madera y papiro. La pulpa de la planta del papiro se trituraba primero y se formaban tiras. Luego se tejían para formar un lienzo que se dejaba secar al sol.

La invención del papel se informó por primera vez al emperador chino en el año 105 d. C. Este papel se hacía empapando trapos u hojas de morera en agua. Luego se exprimía el agua y se dejaba secar el papel sobre marcos de bambú. Los chinos mantuvieron en secreto su proceso de fabricación hasta el 751 d. C., cuando algunos de sus fabricantes de papel fueron capturados por los soldados de un ejército árabe. En la Edad Media, los monjes escribían en pergamino fabricado con pieles de animales.

ABCD
EF GH
IJKL&@
.;,

Capítulo II
HISTORIA

La primera escritura

Materiales

- Palillos de madera
- Líquido enmascarador
- Cuchilla o cuchillo afilado
- Tinta
- Pincel plano ancho
- Papel de acuarela (PC)

El primer lenguaje escrito fue desarrollado por el pueblo sumerio de Mesopotamia alrededor del año 3000 a. C. Los sumerios utilizaban herramientas de caña para imprimir signos en arcilla. Con el tiempo, estos signos se simplificaron para convertirse en grupos de marcas en forma de cuña.

Este estilo de escritura se llama «cuneiforme», que significa «en forma de cuña» en latín.

fig. A

Técnica

Crea un alfabeto de estilo cuneiforme:

1. Corta la punta del palillo en un ángulo de 45 grados por ambos lados. Ahora vierte una pequeña cantidad de líquido enmascarador en un plato.

2. Sumerge el palillo en el líquido de enmascarar (fig. A). Dibuja la forma de cada letra con líquido de enmascarar y déjalo secar (fig. B).

3. Pinta tu alfabeto con tinta y deja que se seque completamente (fig. C).

4. Ahora quita o frota el líquido enmascarador para revelar un alfabeto de estilo cuneiforme (fig. D).

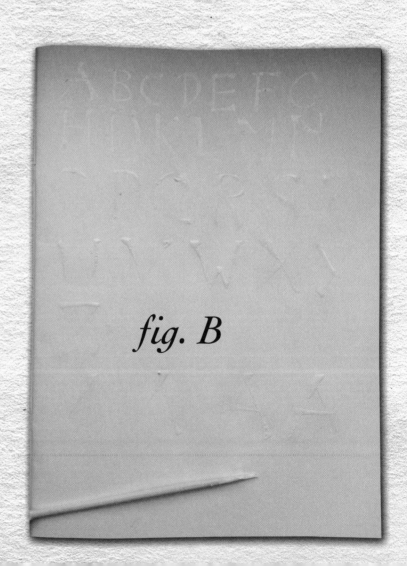

fig. B

fig. C

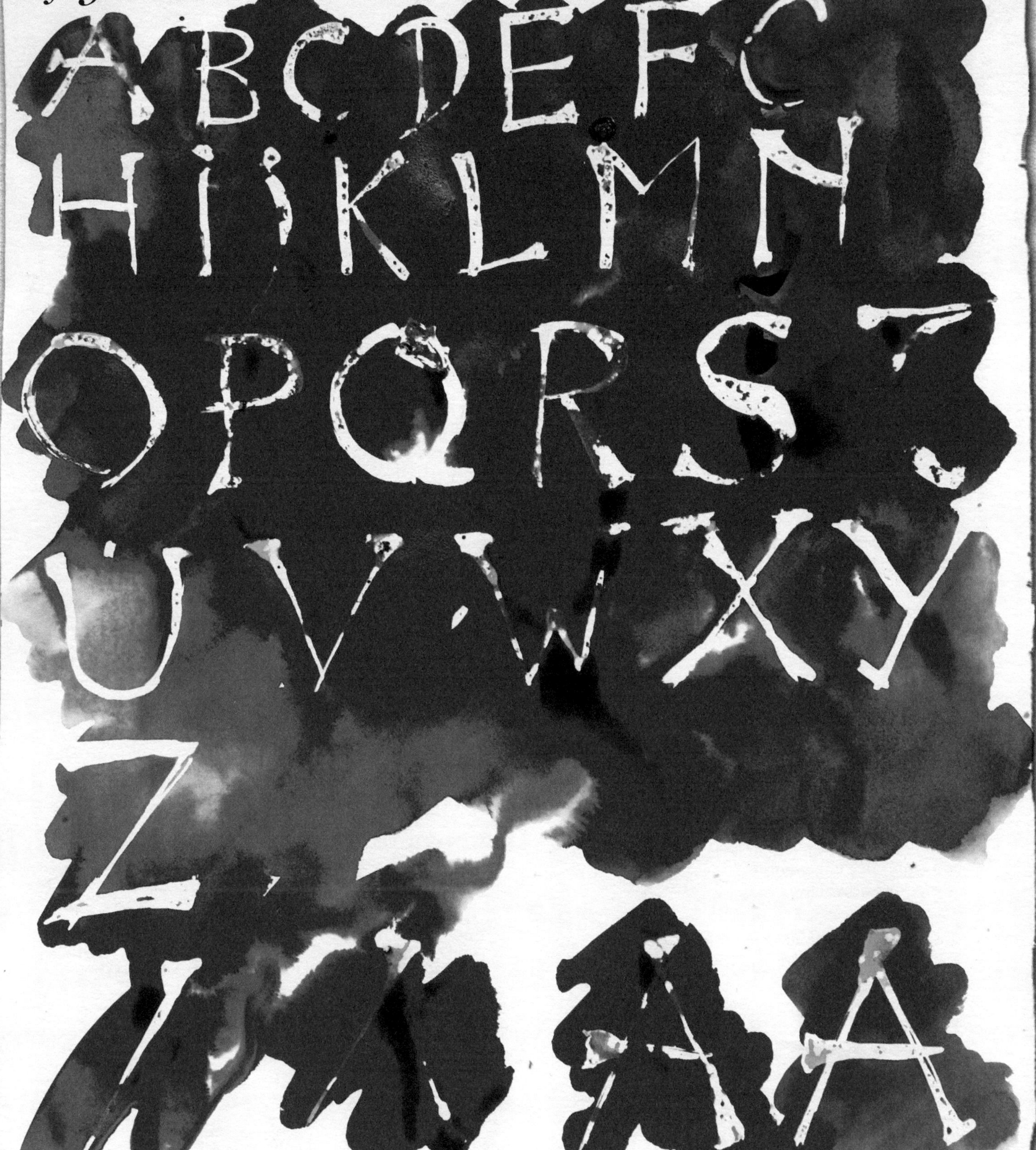

A B C D E F G
H I J K L M N
O P Q R S T
U V W X Y
Z

fig. D

A A A

Letras inspiradas en la escritura cuneiforme.

Las primeras letras

Pictograma de cabeza de buey

Dibujo de cabeza de buey

Muchas letras comenzaron como «pictogramas», símbolos pictóricos de una palabra o frase. En la antigua lengua semítica, una familia de lenguas antiguas originarias de Oriente Medio que incluye arcadio, árabe, arameo, etíope, hebreo y fenicio, se dibujaba una cabeza de buey para representar la letra «A». Dale la vuelta a la moderna letra «A» y podrás ver parte de su forma original.

Girada

1000 a.C.
Fenicio

Griego antiguo
Alfa

En el año 1000 a.C., los fenicios escribían el pictograma «Buey» de lado y se parece más a la letra «K». Los antiguos griegos la invirtieron y la llamaron «alfa», la primera letra de su alfabeto. Entre el año 750 y el 500 a.C., los antiguos griegos la giraron a una posición vertical.

Escribir las mayúsculas era muy lento, por lo que los académicos tuvieron que desarrollar un estilo de escritura que pudiera utilizarse en tabletas de cera con un estilete. La letra minúscula «a» que conocemos hoy se basa en la escritura a mano de los últimos días del Imperio romano en la época del emperador Carlomagno.

¿Por qué escribir las cosas? Porque nadie puede recordarlo todo.

Cada vez que se cuenta una historia, es probable que cambien los detalles. Y dos personas que ven el mismo evento podrían recordarlo de manera diferente. Pero una vez escrita, una historia no puede cambiar.

Los primeros signos escritos fueron imágenes de objetos cotidianos. Pero las imágenes realistas se tardan en dibujar. Así que se simplificaron y se parecieron más a símbolos. Para mostrar conceptos más complicados como «hambre» o «lentamente», los escribas inventaron otros símbolos. Posteriormente, se desarrollaron nuevos signos para representar sonidos en el lenguaje. Estos signos o letras pueden unirse para deletrear palabras.

Esta secuencia muestra el desarrollo de una «a» minúscula desde la época de Carlomagno hasta la «a» de la escuela primaria que se utiliza en la actualidad.

Antiguo Egipto

Clásicas

Letras griegas de una estela (columna inscrita) en la Atenas del 394 a. C.
Un conjunto de letras se llama alfabeto.
La palabra «alfabeto» proviene de alfa y beta, las dos primeras letras del alfabeto griego.

Cada jeroglífico del antiguo alfabeto egipcio representaba un sonido. Las palabras se pueden deletrear o representar mediante un solo dibujo. No se utilizaban la Q, la V ni la W.

La forma de escribir las letras en el alfabeto romano apenas ha cambiado en los últimos 2000 años.

Materiales

- Pasteles de cera solubles en agua
- Papel de acuarela (PC)
- Lápiz
- Lápices de colores o rotuladores

Practica con papel para reciclar o en papel de dibujo. Los pasos 1 y 2 (a continuación) se pueden utilizar como plantilla para todas tus letras para mantener una continuidad de la escala.

Técnica

1. Dibuja un cuadrado (fig. A).

2. Dibuja una línea vertical y otra horizontal que se crucen en el centro del cuadrado (fig. B).

3. Dibuja círculos como se muestra. Dibuja la forma de la letra (fig. C).

4. Colorea la forma de la letra (fig. D).

Mayúsculas construidas

Alberto Durero nació en Núremberg, Alemania, en 1471.

Fue estampador, pintor y grabador. Publicó cuatro libros sobre geometría, uno de los cuales fue sobre tipografía. Este libro mostraba cómo se podía construir el antiguo alfabeto romano utilizando medidas geométricas.

fig. A　　*fig. B*

fig. C　　*fig. D*

El antiguo alfabeto romano, en mayúsculas, fue una invención verdaderamente romana y no tomada de los griegos. Este alfabeto ha formado la base de la escritura y de la impresión occidental. Estas «mayúsculas monumentales» fueron diseñadas para ser talladas por canteros, por lo que su estructura geométrica fue dibujada con regla y compás.

B C G H M N
D D I J O P
E F K L Q
R S
T U X Y
V W Z

27

Materiales

- Pasteles de cera solubles en agua
- Papel de acuarela (PC)
- Pincel
- Pintura de acuarela

Técnica

A las letras en el alfabeto construido se les pueden dar muchos acabados diferentes.

Relleno de trama cruzada con un bolígrafo negro.

El uso de un lápiz de color sobre la base de acuarela le da a la letra una definición adicional.

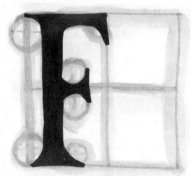

Rotulador negro combinado con líneas de construcción de acuarela.

Alfabeto a la acuarela

El libro de Alberto Durero, *De la forma justa de las letras,* da instrucciones específicas sobre la construcción de cada letra. Cada una ocupa un cuadrado y está construida con ejercicios geométricos utilizando un compás y una regla. Dibujar esta fuente a mano alzada da cabida al estilo y la expresión.

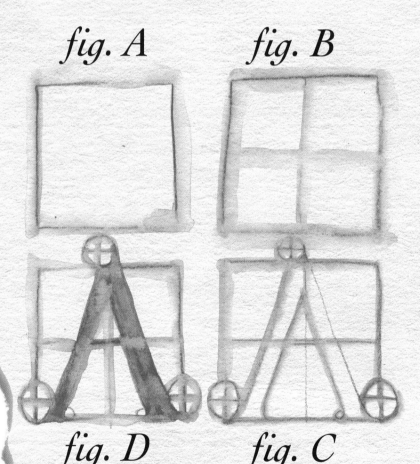

fig. A

fig. B

fig. D

fig. C

Prueba a crear tu propio alfabeto de acuarela basado en el alfabeto construido diseñado por Alberto Durero. Sigue las instrucciones de la página 26; luego utiliza un pincel y pintura de acuarela para crear las letras. Utiliza agua distinta para cada color para mantenerlos puros.

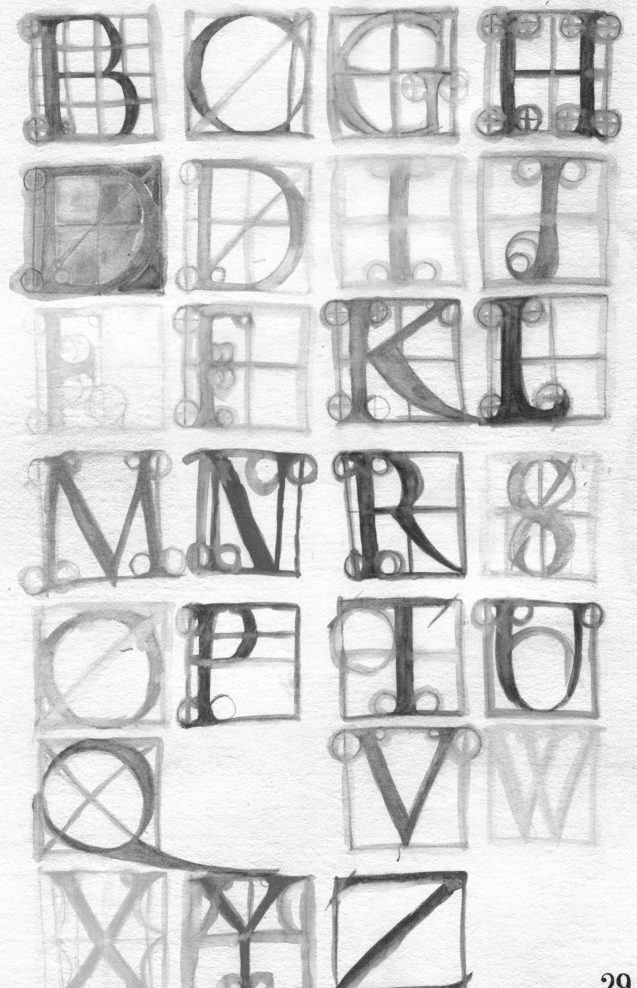

29

Manuscritos

Esta «A» mayúscula proviene de un manuscrito realizado en Inglaterra entre 1120 y 1140. Muestra un caballero con animales.

La escritura de manuscritos y la producción de libros en la Europa medieval estuvo dominada por la Iglesia cristiana. Antes de que se inventara la imprenta, todos los libros debían copiarse a mano.

Los monjes dedicaban sus vidas a la ardua tarea de hacer hermosas Biblias y libros de oraciones. Éstos se denominan manuscritos «iluminados» porque las páginas incluían adornos de plata y oro bruñidos. El monje dividía cada página en bloques de texto con cuadrículas. Una vez copiado el texto, la página se completaba con una gran letra mayúscula decorativa.

Los servicios de la Iglesia se llevaban a cabo en latín, por lo que los monjes también leían y escribían en latín.

Los monjes podían pasarse de 20 a 30 años copiando un libro. Para superar su aburrimiento, a menudo añadían pequeños poemas o dibujos.

Este libro perteneció al monje inglés san Bonifacio, quien murió en el 754 d. C. La leyenda dice que el libro fue rajado por los no creyentes que intentaron asesinarlo.

Anglosajón

Estas 18 letras del alfabeto anglosajón datan de la Alta Edad Media, hace casi mil años. Este alfabeto tiene sólo 24 letras, dos menos que el alfabeto actual.

Materiales

- Lápiz
- Papel

Técnica

1. Empieza a construir una letra siempre con un marco (fig. A).

2. Agrega volumen y forma al marco. Comprueba su forma y simetría generales (fig. B).

3. Esboza la forma de la letra (fig. C).

Dibujar letras

P rueba a trazar modelos de letras para que puedas acostumbrarte a las formas que tienen. Aprende dónde se vuelven más gruesas o más finas las líneas y dónde se aumenta el énfasis. Primero, esboza siempre las letras con lápiz ligeramente para establecer el espacio correcto. Si colocas las letras con precisión, no te quedarás sin espacio y cada letra complementará a las que están a su lado.

fig. A

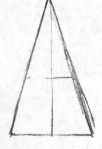

fig. B

fig. C

33

Gutenberg

Gutenberg nació en Alemania alrededor del año 1400.
Es posible que hubiera comenzado a imprimir alrededor de 1439.
En 1450 estableció un taller de impresión. Su primer libro impreso fue probablemente la Biblia de Mazarino.

Para imprimir, Gutenberg tuvo que diseñar un tipo de letra, un conjunto de letras que se verían bien juntas en cualquier orden.
Se le ocurrió la escritura gótica o alemana.
Cada letra individual se fabricó al revés para su impresión. De lo contrario, las palabras se imprimirían de manera opuesta.

Imprenta

La invención de la imprenta fue un gran paso adelante que cambió la historia. Un método de impresión con bloques de madera se inventó en China alrededor del año 800. Un método similar, utilizando tipos de metal, fue perfeccionado mucho más tarde en Europa por Johannes Gutenberg alrededor de 1440. Las letras individuales hechas de plomo se podían alinear para formar palabras y bloques de texto. Éstos se cubrían con tinta y se imprimían en hojas de papel en una máquina llamada imprenta. Cada letra se podía limpiar y reutilizar. Una imprenta podía imprimir miles de páginas al día. Por primera vez, la gente corriente podía permitirse leer, o incluso escribir, sus propios libros. Como resultado, el aprendizaje se extendió por todas partes.

◄ Un tipógrafo sosteniendo un molde mientras vierte metal fundido en él. Cada letra necesitaba su propio molde.

► La palabra «gótica» se utilizó por primera vez para describir este estilo de letra en el siglo xv en la Italia del Renacimiento. Los eruditos clásicos italianos describieron el estilo como «bárbaro».

Letras de estilo gótico

abcdef

ghiklm

nopqrs

tuvwxyz

Capítulo III
CAPRICHOSA

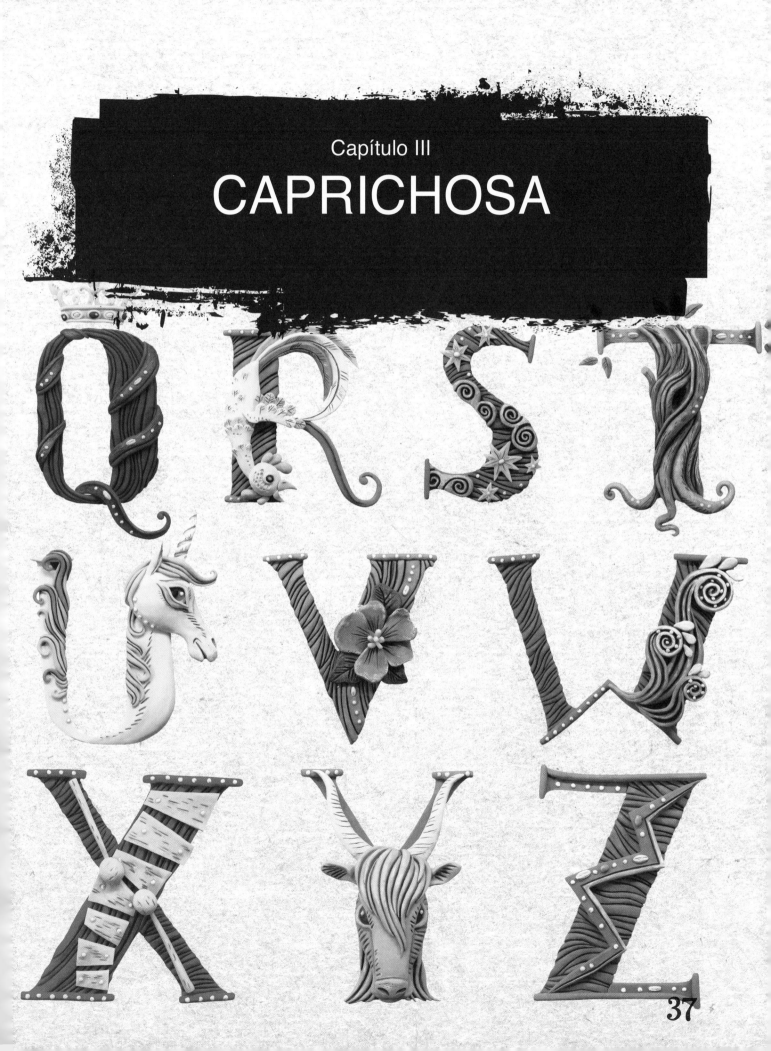

Materiales

- Lápices de colores
- Papel de acuarela (PC)

Construye lentamente el color en capas para lograr una mayor gama tonal. Considera la dirección de las marcas del lápiz que estás haciendo para que sean uniformes.

Técnica

1. Para dibujar la letra «A», comienza dibujando sólo su línea superior (fig. A).

2. Desde el centro de esta línea, dibuja dos líneas para el montante (fig. B).

3. Coloréala (fig. C).

4. Completa la forma de la letra (como se muestra) y coloréala (fig. D).

Estos ejemplos de letras se han dibujado «a mano alzada». Si se desea un resultado más preciso, se pueden utilizar un compás y una regla.

Alfabeto a lápices de colores

Los lápices de colores pueden producir un resultado rápido. Construye capas de color según sea necesario para crear una variación de tono. Se pueden usar en una amplia variedad de papeles, pero considera la textura del papel, ya que afectará el resultado final. Si se requiere un resultado muy suave, coloca una cartulina fina debajo del papel.

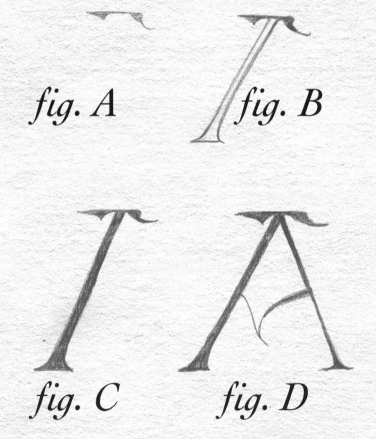

fig. A   fig. B

fig. C   fig. D

Dibuja con lápiz la forma aproximada de cada letra y luego dibuja las partes encima. Es importante considerar la forma, el espaciado y el estilo de cada letra al escribir una palabra.

ABCDEEE
FGHIJKL
MNNOP
QRSTU
VWXYZ

39

Materiales

- Pluma estilográfica con punta oblicua
- Papel de acuarela (PC)
- Lápiz
- Tintas de colores

Practica en cualquier papel para reciclar o utiliza papel de dibujo. Haz una plantilla básica para asegurarte de que las letras se dibujen a la misma escala: dibuja una cuadrícula con unas líneas negras para colocarla debajo del papel como guía.

Técnica

1. Utiliza un lápiz fino para la forma de la letra S (fig. A).

2. Dibuja los contornos de la letra (fig. B).

3. Dibuja las «puntas» decorativas adicionales y entinta el contorno. Varía el ancho de la línea para dar énfasis a algunas partes de la letra (fig. C).

4. Trabaja desde el contorno agregando pequeños trazos cortos. Prueba a crear marcas suaves en forma de cuña (fig. D).

40

Alfabeto a tinta

Este alfabeto ha sido creado con una pluma estilográfica con plumilla oblicua. La tinta fabricada especialmente para las plumas estilográficas no contiene materia sólida, lo que significa que la tinta fluirá de manera uniforme. Los cartuchos de tinta se encuentran fácilmente, son sencillos de cambiar y vienen en una gama de colores muy interesante.

fig. A   fig. B

fig. C   fig. D

La tinta de dibujo puede ser «resistente al agua» o «no resistente al agua». Las plumas de inmersión generalmente funcionan bien con tintas no impermeables. Esta combinación se usa principalmente para escritura de cartas, caligrafía y obras de arte. La tinta resistente al agua no se recomienda para plumas estilográficas o para la mayoría de los bolígrafos de dibujo técnico. Las tintas transparentes suelen fluir más rápido desde la punta que las tintas opacas.

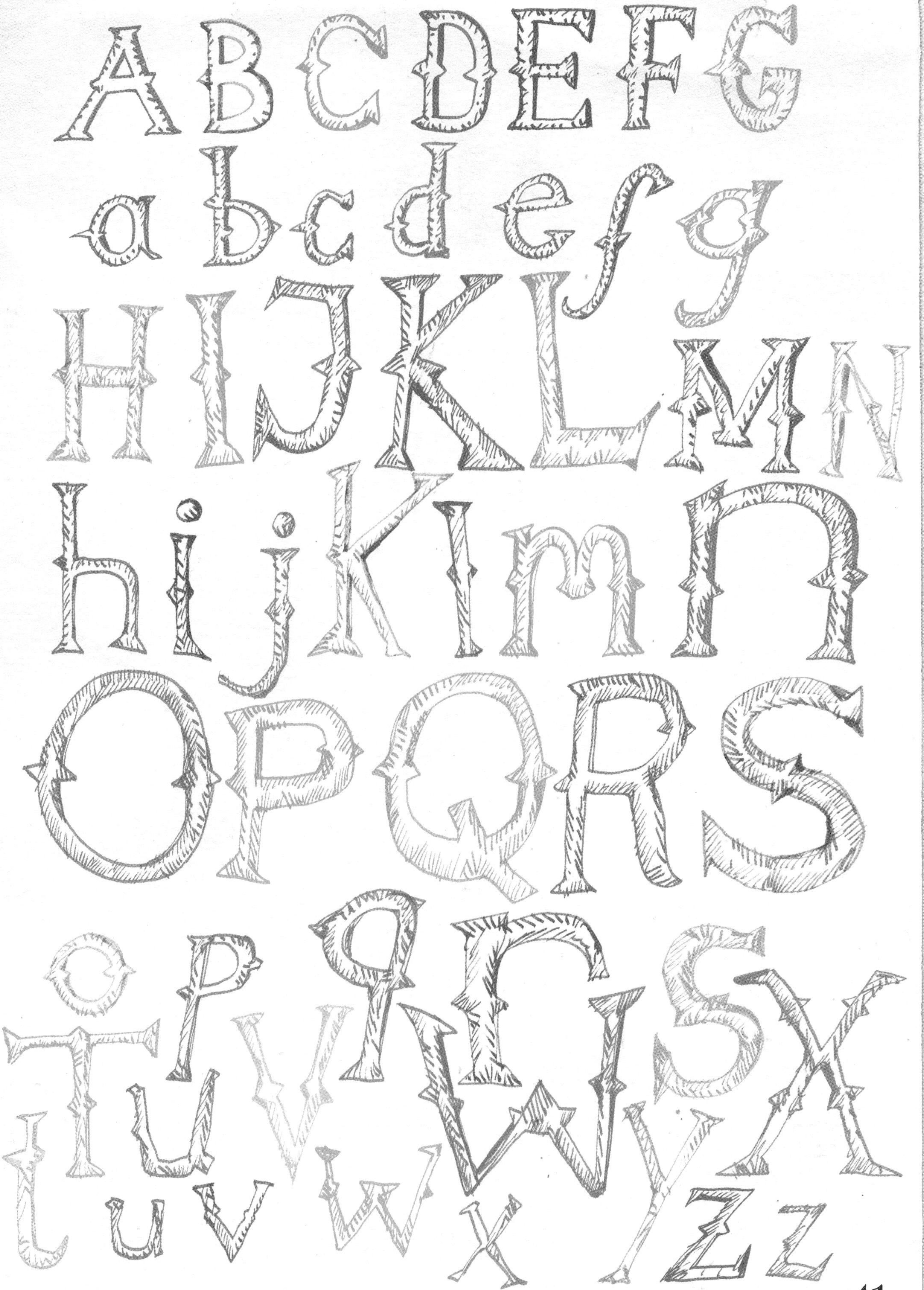

A B C D E F G

a b c d e f g

H I J K L M N

h i j k l m n

O P Q R S

o p q r s

T U V W X

t u v w x z z

41

Materiales

- Lápiz
- Papel de dibujo (o cualquier papel fino)
- Papel de acuarela (PC)
- Bolígrafo negro de punta fina
- Pintura de acuarela
- Pintura dorada
- Pincel

Técnica

1. Dibuja con lápiz la forma aproximada de cada letra y luego agrégale un marco a cada una (fig. A).

2. Dibuja todas las letras del alfabeto para crear toda la «familia» de formas de letras relacionadas (fig. B).

3. Utiliza un lápiz afilado para definir la forma de cada letra y agrégale decoración y color a su marco (fig. C).

4. Dibuja sobre las líneas de lápiz con el bolígrafo de punta fina. Elimina las líneas de lápiz no deseadas con una goma de borrar.

Dibujar letras

Dibujar letras complejas puede parecer abrumador al principio, pero al estudiar la construcción de una letra, puedes dividirla en formas más simples. El papel de dibujo es un papel fino que sirve para esbozar ideas, pero se puede utilizar cualquier tipo de papel fino.

fig. A

Los lápices de grafito están disponibles en diferentes grados. Los lápices duros son más grises y varían de H a 6H. Los lápices blandos son más negros y varían de B a 9B. Experimenta para encontrar qué lápices te resultan más útiles.

Letras iluminadas caprichosas

fig. B

fig. C

Técnica

1. Cuando mezcles pintura de acuarela, recuerda poner primero el color dominante en la paleta (con agua). Agrega pequeñas cantidades de otros colores (fig. A).

2. Utiliza una paleta de colores limitada. Las letras del alfabeto (al lado) se han pintado de negro, amarillo, gris y dorado. Una paleta de colores limitada ayuda a que las palabras sean más legibles (fig. B).

3. Primero decide la dirección de la fuente de luz. Luego, agrega sombreado en las partes más alejadas de cada letra para que parezca que la letra está levantada. Mantén una fuente de luz constante en todo momento (fig. C).

4. Prueba a utilizar un rotulador blanco sobre los colores oscuros para crear un efecto invertido con rayado blanco (fig. D).

Pintar letras

Utiliza acuarelas para pintar tus letras. El papel de acuarela viene en diferentes espesores y gramajes: elige un papel un poco más grueso (300 g/m^2 o más) para evitar que se deforme cuando esté húmedo. El papel de acuarela prensado en caliente tiene una superficie muy lisa, por lo que es ideal tanto para dibujar como para pintar.

fig. A

Fuente de luz

Rayado transversal

Agregar un sombreado a lápiz en la parte superior de las líneas negras creará una apariencia de 3D. Decide cuál es tu fuente de luz antes de empezar. Comienza por un área para hacer la trama; luego refuérzala lentamente utilizando el lápiz en diferentes direcciones. (Esto es más fácil de hacer si giras el papel mientras trabajas).

Tinta dorada
con puntos negros encima

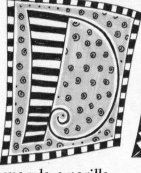

Acuarela amarilla
con puntos negros

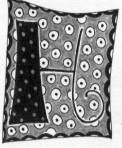

Rombos en blanco
y negro

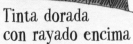

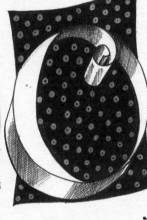

Tinta dorada
con rayado encima

fig. C

fig. D

Borde negro con
dorado encima alrededor
de un cuadrado dorado
con negro encima

Crea un poco de arte

Haz tu propio cuaderno de bocetos

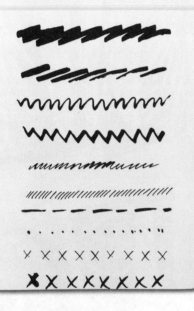

La inspiración llega en los momentos más extraños, así que ten a mano un cuaderno de bocetos para plasmar las ideas a medida que se te ocurran. Deja vagar la mente y el lápiz. De esta manera, puedes incorporar ideas aleatorias en proyectos posteriores. Un cuaderno de bocetos te permite trazar la evolución de tus ideas desde la chispa inicial hasta el arte terminado. Es fascinante ver cómo avanza una idea.

Materiales

- 4 x hojas de papel de tamaño A1
- Pegamento
- Punzón (una herramienta con punta de metal)
- Cartón para fundas y lomo
- Tira de lino
- Aguja e hilo
- Cúter

Los cuadernos de dibujo están disponibles en una amplia variedad de tamaños y tipos de papel. Crear tu propio cuaderno de bocetos te permite elegir el tamaño, el formato y el papel que mejor se adapte a tus necesidades. Puedes fabricarte cuadernos de bocetos con papel para reciclar o con tu papel de dibujo preferido.

Mantener un cuaderno de bocetos para garabatear y anotar ideas a diario te hará pensar de manera creativa. Recuerda que un cuaderno de bocetos es muy personal, no existe una manera correcta o incorrecta de utilizarlo. Los dibujos sueltos siempre pueden extraviarse. Un cuaderno de bocetos mantiene todos tus dibujos e ideas juntos.

Fabricar un cuaderno de bocetos

Técnica

1. Dobla cada una de las 4 hojas de papel A1 por la mitad cuatro veces (dieciséis secciones iguales).

2. Coloca las secciones dobladas juntas en vertical. Haz cuatro agujeros espaciados uniformemente a lo largo del lado izquierdo. Utiliza una aguja grande o un punzón.

3. Cose juntas las secciones.

4. Una vez que los bordes izquierdos estén unidos firmemente, recorta los bordes restantes sin cortar para formar páginas. Utiliza un cúter para manualidades o unas tijeras.

5. Corta la cartulina para formar la portada, la contraportada y el lomo. Pega el lomo a las secciones cosidas. Déjalo secar. Pega las tapas. Coloca un peso encima y deja que todo se seque.

6. Une el lomo y las cubiertas. Corta una tira de lino (del largo del lomo y 3 veces su ancho). Pega la tira al centro del lomo y alrededor de cada cubierta. Decora para completar si lo deseas.

Cuatro hojas de papel A1 formarán un cuaderno de bocetos A6 con 64 páginas si se utilizan ambos lados.
Tamaño de papel A1:
84,1 x 59,4 cm
Tamaño de papel A6:
14,8 x 10,5 cm

Un cuaderno de bocetos nuevo puede resultar intimidante y puede frenar tu creatividad. Sus prístinas páginas en blanco pueden hacerte que sientas que cada marca hecha debe ser valiosa y perfecta. Un cuaderno de bocetos debe ser económico para que te sientas libre de ser desordenado y creativo de la forma que desees.

Los cuadernos de bocetos bellos y perfectos pueden ser un obstáculo para la creatividad.

Este alfabeto se ha ensamblado combinando muchas ideas para las letras extraídas de diferentes cuadernos de bocetos.

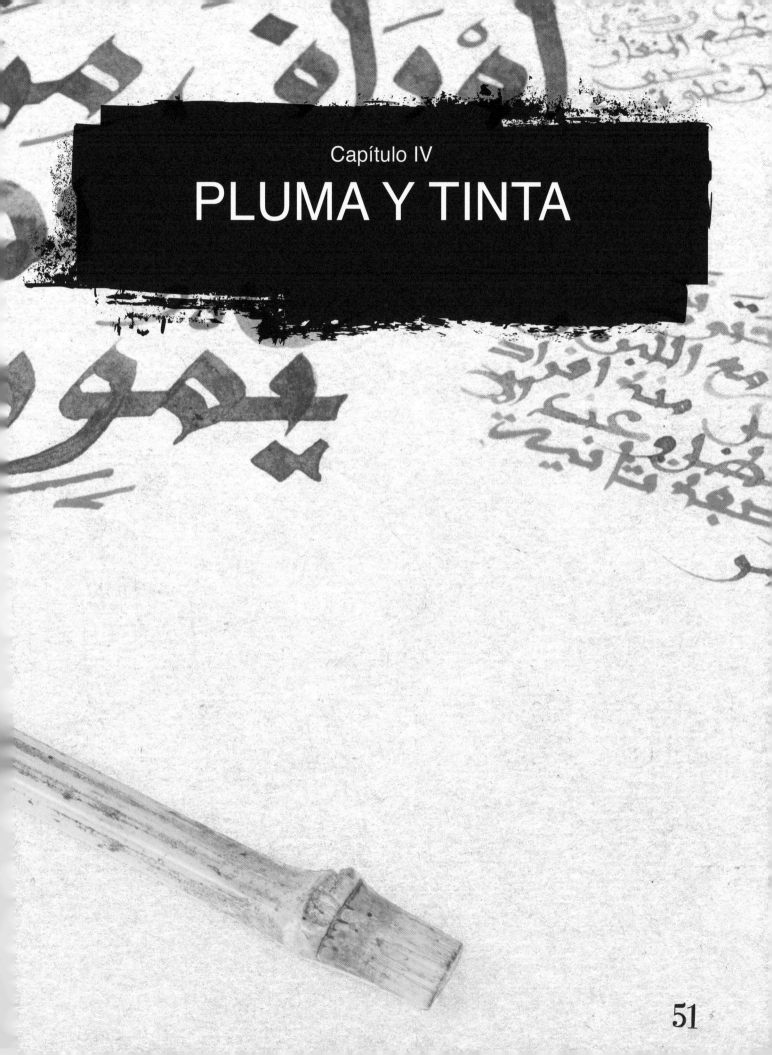

Capítulo IV
PLUMA Y TINTA

Materiales

- Pincel
- Tinta china
- Papel
- Lápiz

Técnica

1. Dibuja a lápiz con un trazo suave la forma de la letra (fig. A).

2. Empieza por la línea superior. Aplica la tinta en un solo movimiento: de izquierda a derecha y levántalo para crear una pincelada cónica (fig. B).

3. Comienza la diagonal desde la parte inferior de la letra y levanta el pincel, de grueso a fino (fig. C).

4. Empieza la línea de base desde la izquierda y lleva la pincelada a lo ancho, de gruesa a fina (fig. D).

Con la práctica desarrollarás tu propio estilo personal. Trata de ser coherente con el grosor del trazo.

Pinceladas sueltas

Las letras a pincel fueron muy populares en el siglo XIX, cuando se necesitaba pintar carteles para la publicidad. Las minúsculas y las mayúsculas se forman rápidamente con algunas pinceladas. Las formas de las letras a pincel tienden a tener un aspecto muy individualizado. Es mejor esbozar rápidamente algunas ideas antes de comenzar.

fig. A

fig. B

fig. C

fig. D

Aa Bb Cc Dd Ee
Ff Gg Hh Ii Jj
Kk Ll Mm Nn
Oo Pp Qq r
Ss Tt Uu Vv
Ww Xx Yy Zz

Materiales

- Rotuladores con punta de pincel
- Papel para acuarela (PC)

No todos los rotuladores con punta de pincel son iguales, ya que la presión varía de uno a otro. La plumilla está hecha de materiales naturales o sintéticos que pueden afectar la sensibilidad de la punta del pincel. Los rotuladores con punta de pincel blanda requieren una presión ligera, pero los de punta dura necesitan más presión para realizar los trazos más gruesos. Experimenta diversos modelos. Practica escribiendo letras que tengan un movimiento repetitivo hacia arriba y hacia abajo.

Técnica

1. Mueve el rotulador con punta de pincel hacia abajo y levántalo para crear un trazo en ángulo oblicuo (fig. A).

2. Comienza por la parte superior, mueve el rotulador con punta de pincel en una curva hacia abajo (fig. B).

3. Completa la letra con un último trazo hacia abajo (fig. C).

4. Practica diferentes trazos (fig. D).

Alfabeto a rotulador con punta de pincel

Los rotuladores con punta de pincel son una alternativa a los pinceles. La línea fluida de un rotulador con ese tipo de punta crea el mismo efecto y estructura que un pincel normal. Este tipo de rotuladores son fáciles de usar y ayudan a acelerar el proceso de creación de la forma de una letra.

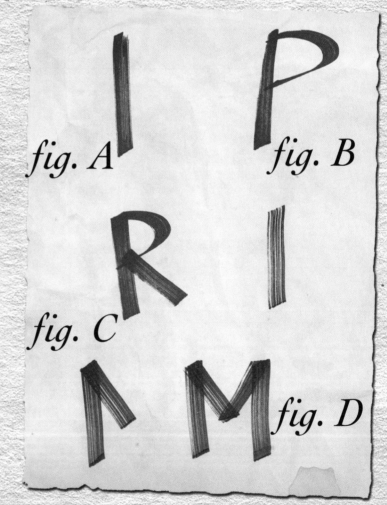

fig. A

fig. B

fig. C

fig. D

Los trazos descendentes del pincel se ven más gruesos donde se ha aplicado más presión. Los trazos hacia arriba o hacia los lados crean una línea ligeramente más delgada.

ABCDE
FGHIJK
LMNOP
ORSTU
VWXYZ

ÀÁÂÄÅ
ÆÇÉ
È
Ì
Ò
ÓÖ
Ø

ÇÉÉ
ÉË ÍÍ
ÌÐÑ
ÒÓÕÖ

ÖÖÕ
ÖÖ×

abcde
fghil
lmno
grst
vwx

ÙÚY

áâã
ä åæ

@
o
%
)&×
)-+
·-.

El árabe se escribe con muchos caracteres hermosos. Antiguamente se utilizaba sobre todo para escritos religiosos o cartas privadas. Escriba islámico (abajo) con instrumentos de escritura.

Las imágenes realistas están prohibidas en el arte islámico. Por eso las mezquitas, edificios sagrados musulmanes, están decoradas con patrones abstractos e incluyen frases del Corán. Los musulmanes creen que escribir es un regalo de Alá. Los edificios, la ropa y la cerámica están bellamente decorados con palabras sagradas.

Árabe

El árabe es un idioma hablado por más de 420 millones de personas. Es el sexto idioma más hablado. También es un alfabeto que se utiliza para escribir otros idiomas como el persa, que se habla en Irán y Afganistán, y el urdu, que se habla en India y Pakistán. El alfabeto árabe se inventó hace 1300 años para escribir las palabras de Alá como se las reveló al profeta Mahoma. Desde entonces, musulmanes de todo el mundo han leído el Corán, el libro sagrado islámico, en árabe. Los números arábigos se utilizan a nivel mundial.

Kaifa haluka es «¿Cómo estás?» en árabe.
Se muestra aquí en cuatro estilos diferentes de escritura árabe.

Estas letras se escriben por separado. Cuando se unen, las formas de las letras cambian dependiendo de dónde se coloquen en una palabra. El árabe, como el chino, se lee de derecha a izquierda.

Iraní *Farsi nastaliq*

كيف حالك

Cúfico *fatimiyyah*

كيف حالك

Iraní *moalla*

كيف حالك

Ruq'ah

كيف حالك

Nube
del alfabeto
árabe

Alfabeto árabe

خ	ح	ج	ث	ت	ب	ا
kha	haa	jiim	thaa	taa	baa	alif
ص	ش	س	ز	ر	ذ	د
saad	shiin	siim	zaay	raa	thaal	daal
ق	ف	غ	ع	ظ	ط	ض
qaaf	faa	ghayn	ayn	thaa	taa	daad
ي	و	ه	ن	م	ل	ك
yaa	waaw	ha	nuun	miim	laam	kaaf

57

Pluma de caña de bambú

Materiales

- Caña de bambú o de junco
- Tinta
- Cúter
- Papel

Técnica

Las plumas de caña de bambú se fabrican cortando y dando forma a un solo trozo de bambú o caña de junco.

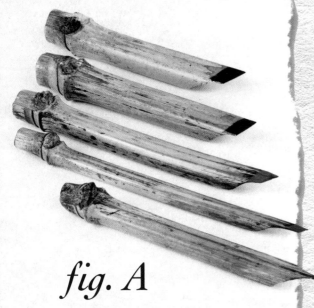

fig. A

1. Sumerge la pluma de caña en tinta para que el centro se llene de tinta. A medida que dibujas, la tinta se filtra lentamente hasta la punta tallada (fig. A).

2. Practica sosteniendo la pluma cómodamente y prueba con trazos de diferentes tamaños (fig. B).

3. La pluma de caña debe sumergirse mientras dibujas. Gradualmente, la punta se desgastará y se volverá más gruesa. Afílala con una navaja o un cúter.

58

Escritura *diwani*

Diwani es una variedad de escritura árabe, fue diseñada por Housam Roumi. Fue más popular bajo el mandato de Solimán I el Magnífico (1520-1566). La palabra original *dewan* se deriva del persa y significa «paquete» (de papeles) o «libro». La palabra cambió a *diwan* o *divan*, llamado así por los asientos largos y acolchados en las cámaras del consejo del palacio del sultán. Esta escritura altamente decorativa fue utilizada por los calígrafos palaciegos para la redacción de todos los decretos reales.

fig. B

Escritura *diwani*

Pera

León

59

Materiales

- Pincel japonés para tinta
- Papel (hay disponibles rollos de 15,24 m para practicar)
- Barra de tinta sólida para disolver
- Un pisapapeles, para fijar el papel
- Un paño (o papel de periódico) para colocar debajo del papel para evitar que la tinta traspase.
- Varios pinceles combinados; de pelo suave reforzados por un núcleo de cerdas duras.

ありがとう

Gracias

おせ話になります

Atentamente

Japonés

Tradicionalmente, el japonés se escribía en columnas verticales llamadas *tategaki*. Cada columna se leía de arriba abajo y progresaba de derecha a izquierda. La *yokogaki*, una escritura horizontal que se lee de izquierda a derecha, es ahora de uso común y muy popular entre las generaciones más jóvenes.

El pincel japonés para tinta está hecho de madera de pino, cerdas y pegamento. Tradicionalmente, la tinta se fabrica disolviendo una barra sólida en agua contra una base de piedra o de pizarra con un movimiento circular. Los japoneses perfeccionaron la tinta embotellada *bokuju*, muy fácil de usar.

Caligrafía

Hace unos 1500 años, Japón y Corea utilizaban caracteres chinos para escribir. El japonés todavía utiliza muchos caracteres chinos. Pero en Corea fueron reemplazados por un alfabeto creado por el rey Sejong en 1443.

La caligrafía es el arte de escribir bellamente. Los calígrafos chinos pasan años perfeccionando su estilo. La leyenda dice que la escritura china fue inventada por Cang Jie. Copió huellas de animales y pájaros.

El libro impreso más antiguo conocido es una traducción al chino de un texto budista, titulado *Diamond Sutra*. Se imprimió con bloques de madera tallados en el 868 a. C.

Los caracteres chinos pueden estar compuestos por más de 20 pinceladas.

Escritura con imágenes

El sistema de escritura chino todavía se utiliza a diario. Apenas ha cambiado desde que se desarrolló hace 4000 años, así que los chinos modernos pueden leer textos antiguos. El chino se basa en la escritura de imágenes. Palabras comunes, como «hogar» o «fuego», son pictogramas. Otras palabras se construyen a partir de sonidos. Hay más de 50 000 caracteres (signos), y se necesitan saber al menos 2000 para leer el periódico.

Los caracteres chinos se escriben con pinceles de pelo de animal.

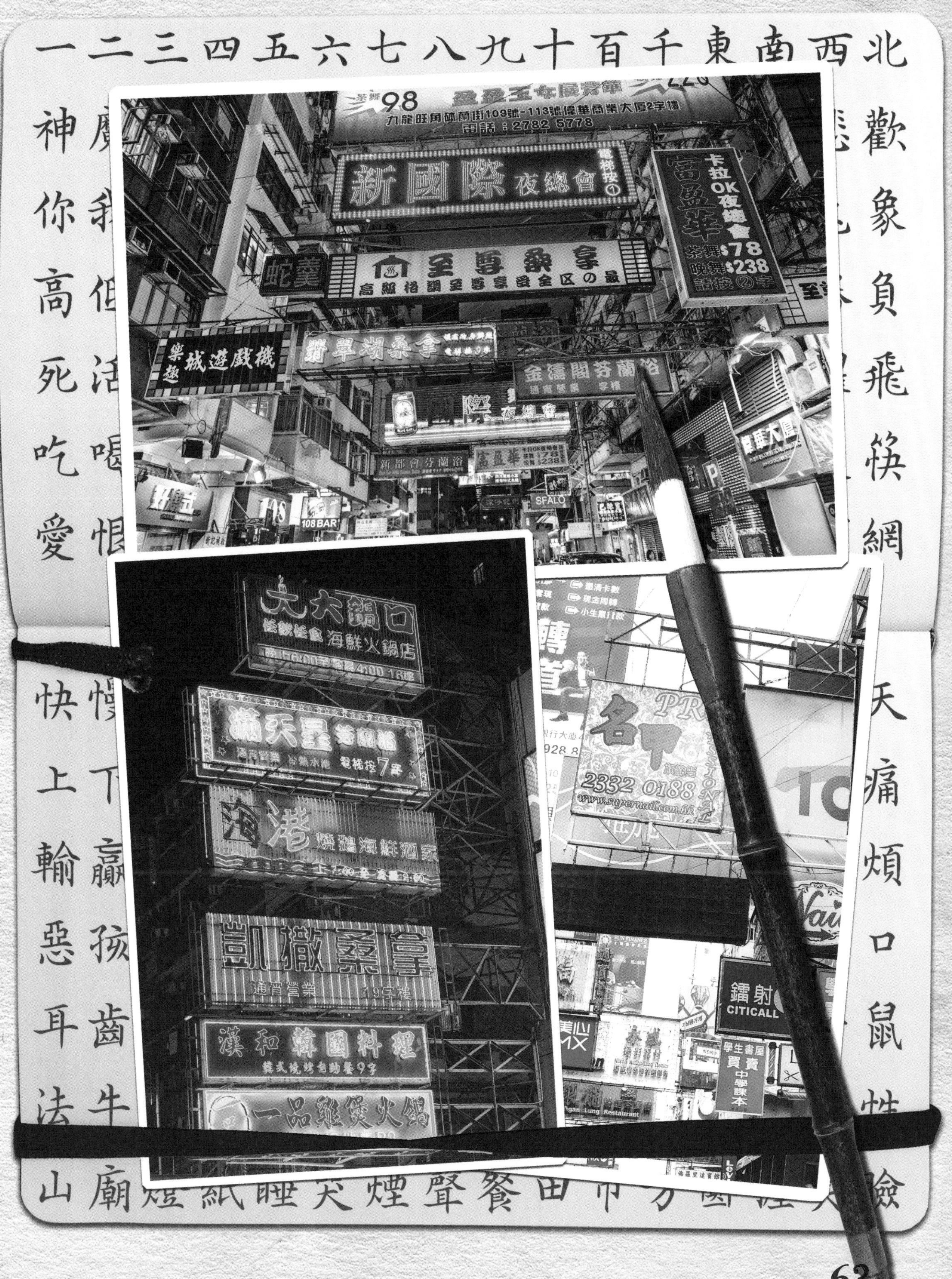

一 二 三 四 五 六 七 八 九 十 百 千 東 南 西 北

神 廟 你 我 高 低 死 活 吃 喝 愛 恨

歡 象 負 飛 筷 網

快 慢 上 下 輸 贏 惡 孩 耳 齒 法 牛

天 痛 煩 口 鼠 性

山 廟 短 紙 睡 犬 煙 聲 餐 田 巾 方 齒 火 臉

Materiales

- Pinceles
- Plumas
- Papel
- Tinta negra
- Tintas de colores o acuarelas

Plumas

Las plumas y el tipo de plumilla utilizados crean una amplia gama de marcas gruesas o delgadas según la presión aplicada y la fluidez de la pluma.

Crear signos

El tipo de pluma dependerá del tipo de línea que desees dibujar. Prueba diversos tamaños de plumillas para averiguar cuál es la mejor para el tipo de trabajo que deseas realizar. Trata de mantener la mente abierta, ya que los signos accidentales pueden resultar muy creativos.

Espacio negativo

Cuando se usa tinta sobre papel, se utilizan dos colores: el color de la tinta y el color del papel. El espacio en blanco o «negativo» es importante. Prueba diferentes colores de papel y tinta para darle variedad al trabajo.

Pluma y pincel

Los calígrafos tardan muchos años en dominar las técnicas para plasmar el elegante estilo de las escrituras islámica, china y japonesa que se ven en las páginas anteriores. La línea fluida de una pluma o de una pincelada puede variar su anchura dependiendo de la cantidad de presión aplicada al trazo hacia arriba o hacia abajo. Practica muchos estilos diferentes con una misma letra. Intenta trabajar también con tintas de colores para obtener una mayor variedad.

65

Simple como el abecedario

Acuarela

as acuarelas son un medio ideal para experimentar. Todo lo que necesitas es una caja de pinturas, un lápiz, un pincel, papel y agua.

Materiales

• Pinceles
• Acuarelas
• Papel para acuarela (PC)
• Lápiz
• Goma de borrar

Técnica

1. Utiliza el lápiz con un trazo ligero para las siluetas de las letras (fig. A).

2. Prueba diferentes técnicas: **Húmedo sobre húmedo,** la aplicación de pintura húmeda sobre papel húmedo crea resultados inesperados y emocionantes. **Húmedo sobre seco,** aplica una capa de color. Una vez seca, pinta encima.

3. Moja el pincel en pintura y aplícalo sin apretar dentro de las líneas hechas a lápiz. Cuando la pintura esté seca, utiliza una goma de borrar para eliminar las líneas (fig. B).

fig. A

fig. B

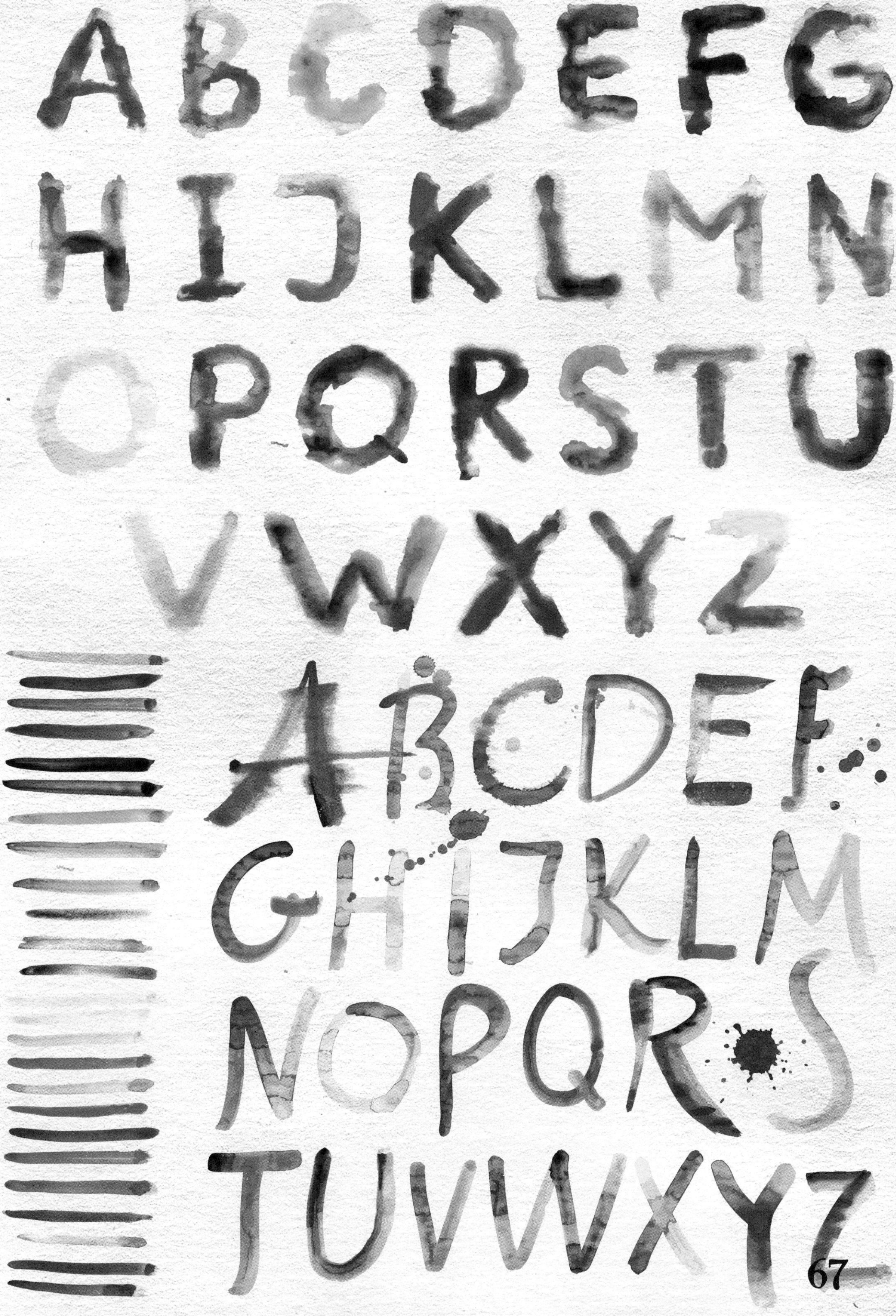

ABCDEFG

HIJKLMN

OPQRSTU

VWXYZ

ABCDEF

GHIJKLM

NOPQRS

TUVWXYZ

Escritura inclinada

Materiales

- Pluma de inmersión
- Plumillas
- Tinta
- Lápiz
- Goma de borrar

Técnica

1. Dibuja líneas que estén separadas por la misma distancia (fig. A).

2. Practica escribiendo el alfabeto. Sigue las flechas rojas que indican la dirección en la que se mueve el bolígrafo para formar cada letra (fig. B).

Al escribir a mano, observa la forma, el ángulo y el espacio entre las letras a medida que avanzas. Intenta mantener una presión constante sobre la punta de la plumilla.

Escritura cursiva

La cursiva es una escritura inclinada, también conocida como escritura a mano alzada. La escritura cursiva fluye mejor y fue ideada para acelerar el proceso de escritura. Se desarrolla en muchos estilos individuales. A menudo, la escritura de una persona puede reconocerse instantáneamente debido a su manera particular de dar forma o espaciar las letras.

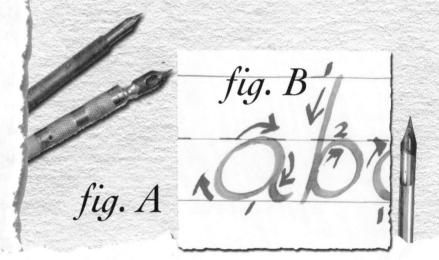

fig. B

fig. A

A B

C D E F G

H I

I K L M N O P Q

R S T U V W X Y Z

abcdefghijklmnopqrstuvwxyz

69

Materiales

- Rotulador o bolígrafo de punta de fibra
- Papel para acuarela (PC)
- Papel cuadriculado
- Lápiz

Dibuja tu diseño en papel usado o en papel cuadriculado. Dibuja una cuadrícula de líneas negras para poner debajo del papel para crear letras a la misma escala.

Técnica

1. Construye la forma de la letra en cuadrados y dibuja con lápiz las cruces (fig. A).

2. Agrega más definición a la letra (fig. B).

3. Con un rotulador, dibuja un conjunto de diagonales (fig. C).

4. Completa las cruces con el rotulador. Elimina las líneas de lápiz con una goma de borrar (fig. D).

Este ejemplo se dibujó «a mano alzada». Si se requiere una forma más regular, se debe utilizar una regla.

Alfabeto con cruces

El alfabeto construido con cruces, inspirado en una forma tradicional de bordado, construye patrones en forma de X. El estilo de cruces uniformes se aplica a un tejido. El papel cuadriculado podría usarse fácilmente para diseñar letras con el mismo efecto.

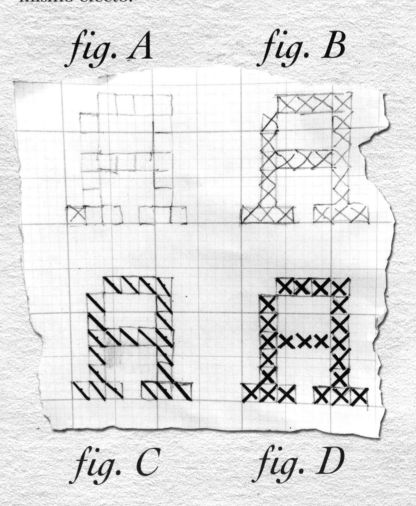

fig. A   fig. B

fig. C   fig. D

El punto de cruz es una de las formas de bordado más antiguas. Tradicionalmente, una niña que estaba aprendiendo a coser cosía un «muestrario» del alfabeto.

ABCDEFGH
IJKLMNOP
QRSTUVW
XYZ01234
56789%€$
:!?-<>

71

Decoradas con patrones aleatorios, estas letras mayúsculas se pueden utilizar al principio de nombres, palabras u oraciones siguiendo la tradición de los manuscritos medievales. Los patrones pueden estar contenidos dentro de la forma de la letra o fluir libremente, pero la letra siempre debe ser legible.

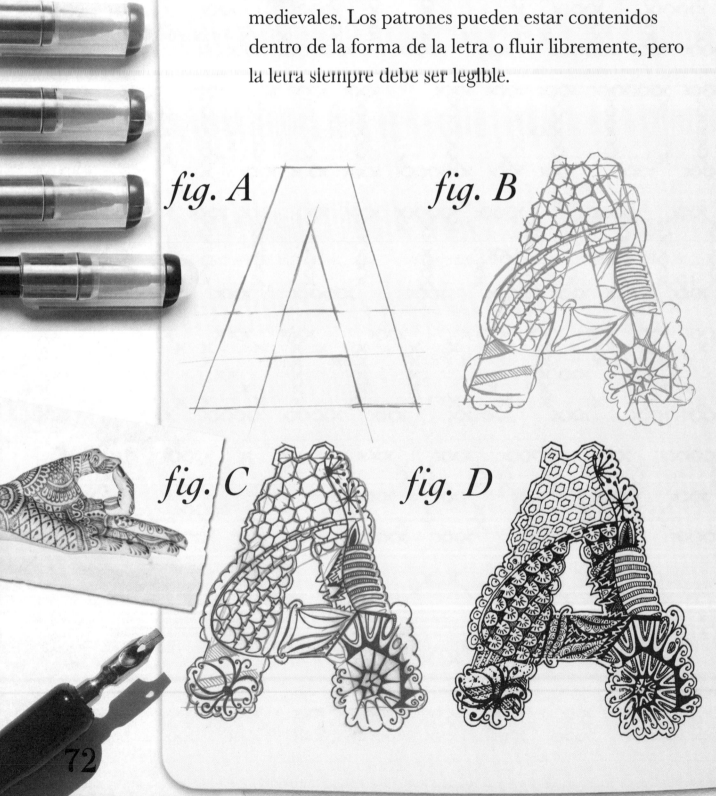

fig. A

fig. B

fig. C

fig. D

Materiales

- Papel
- Lápiz
- Rotulador
- Borrador

Técnica

1. Dibuja una letra A en forma de bloque (fig. A).

2. Dibuja con suavidad patrones de estilo barroco que se extiendan sobre el contorno de la letra (fig. B).

3. Utiliza un rotulador para entintar los patrones dibujados a lápiz (fig. C).

4. Agrega más detalles a los patrones. Una vez completado, elimina las líneas de lápiz no deseadas con un borrador (fig. D).

Mehndi

Tradicionalmente, en India y Pakistán, los artistas de la henna dibujan patrones *mehndi* en las manos y los pies de las parejas nupciales en las fastuosas celebraciones previas a la boda.

73

Alfabeto estampado

Técnica

1. Dibuja una letra M en un bloque (fig. A).

2. Dibuja con suavidad patrones que se extiendan sobre el contorno de la letra (fig. B).

3. Utiliza un rotulador para entintar los patrones dibujados a lápiz (fig. C).

4. Agrega más detalles a los patrones. Una vez completados, elimina las líneas de lápiz no deseadas con una goma de borrar (fig. D).

Las letras de este alfabeto tienen estampados muy recargados. Utiliza un cuaderno pequeño para agregar letras y patrones gradualmente y así construir un alfabeto completo con el tiempo. Se pueden construir patrones aparentemente complejos a partir de formas simples.

fig. A

fig. B

fig. C

fig. D

74

75

Imágenes con letras

Materiales

- Lápiz
- Papel
- Rotulador
- Goma de borrar

Puedes utilizar lápices, lápices de colores o rotuladores. Practica con papel reciclado o papel de dibujo. Aprende a usar distintos materiales y no temas experimentar con diferentes tipos de marcas.

La escritura se puede utilizar para hacer dibujos además de palabras. La escala, dirección y forma de las letras pueden ser totalmente aleatorias. Colócalas en cualquier posición, vertical, diagonal, horizontal o incluso boca abajo. Estas letras no están destinadas a ser leídas.

fig. A

fig. B

Técnica

1. Dibuja o traza un caballo y un jinete (fig. A).

2. Empieza a dibujar las letras y construye lentamente su imagen (fig. B).

3. Utiliza un rotulador sobre las líneas a lápiz. Una vez seco, elimina las líneas de lápiz no deseadas con una goma de borrar. Continúa trabajando sobre la obra de arte hasta completarla (figs. C y D).

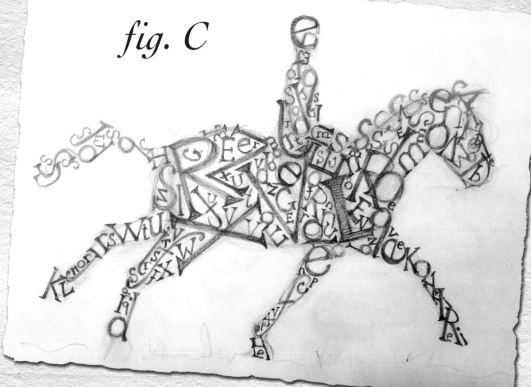

fig. C

fig. D

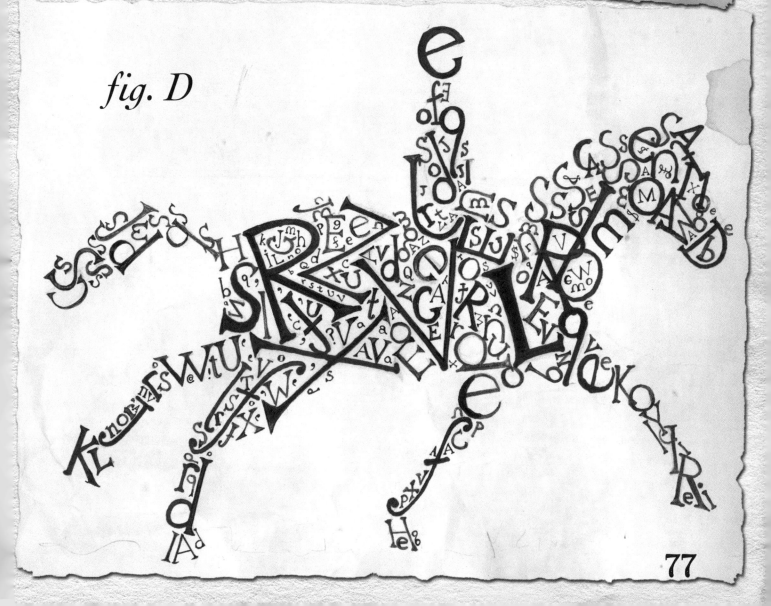

Materiales

- Cartulinas
- Imágenes de revistas
- Pegamento
- Tijeras

Técnica

1. Recorta imágenes de revistas; intenta ceñirte a un tema (fig. A).

2. Pégalas en una cartulina para fotocopiar o escanear y luego imprimir en distintos tamaños (fig. B).

3. Dibuja una forma de letra con lápiz (fig. C).

4. Recorta las imágenes fotocopiadas (fig. D).

5. Organiza las formas antes de pegarlas en su lugar. Comienza por las más grandes primero (fig. E).

6. Coloca las formas más pequeñas alrededor y entre las más grandes. Elimina las marcas de lápiz no deseadas con una goma de borrar cuando el pegamento esté seco (fig. F).

Letras con imágenes

Crear un *collage* temático con la forma de una letra también puede dar un resultado interesante. El *collage* permite experimentar con una amplia gama de colores y texturas. Una letra grande puede estar formada por diferentes estilos y colores a partir de las imágenes de revistas y periódicos.

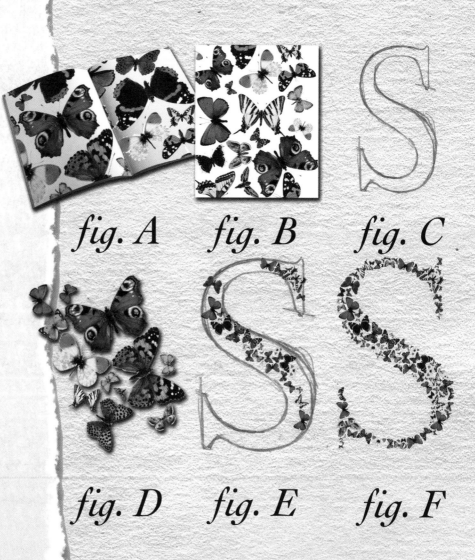

fig. A *fig. B* *fig. C*

fig. D *fig. E* *fig. F*

Capítulo V

HECHO A MANO

Materiales

- Papel estampado
- Rotulador
- Tijeras o cúter
- Pegamento
- Papel de calco

Técnica

1. Dibuja un alfabeto en negrita en bloques en papel de calco. Un estilo de letra simple es más fácil de recortar con tijeras o con cúter (fig. A).

2. Da la vuelta al papel de calco y dibuja las letras al revés en la parte posterior del papel estampado (fig. B).

3. Recorta las formas de las letras con un cúter o unas tijeras y pégalas a un fondo. Utiliza el rotulador para trazar líneas de definición o peso a cada letra según sea necesario (fig. C).

Letras de *collage*

Un *collage* puede estar hecho de papel impreso u objetos encontrados de muchas fuentes diferentes. El *collage* es una manera agradable y satisfactoria de crear un alfabeto. Para hacer este alfabeto se ha utilizado papel de regalo estampado, pero se pueden utilizar fotografías y revistas con gran efecto.

fig. A

fig. B

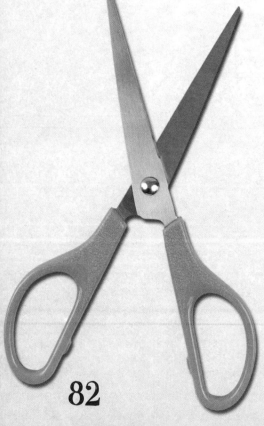

fig. C

Observa de qué manera diferentes artistas han utilizado el *collage* para inspirar su enfoque. Recorta revistas, fotografías, historietas, periódicos: ¡las posibilidades son infinitas! Mezcla y combina letras recortadas de bolsas de plástico, lienzos o trozos de tela. Si puedes recortarlo, ¡utilízalo!

Recortes

Materiales

- Pegamento
- Libros antiguos, revistas, periódicos
- Tijeras
- Papel o cartulina

Técnica

1. Selecciona y recorta las imágenes que desees (fig. A).

2. Crea formas de letras (figs. B y C).

3. Pega cada parte en su lugar (fig. D).

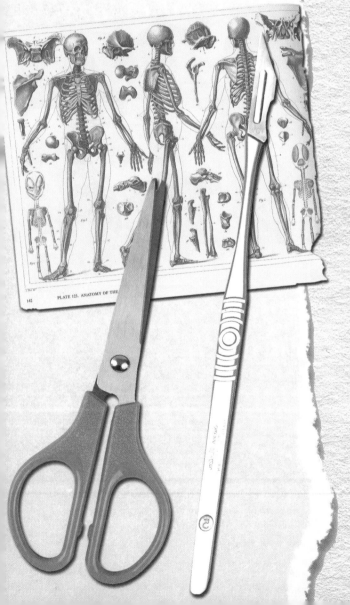

Collage

Utilizar letras construidas a partir de material impreso encontrado puede hacer que el *collage* resulte fantástico. Estas letras esqueléticas se extrajeron de un antiguo libro de anatomía.

Un alfabeto como éste también se puede ensamblar haciendo un «e-collage», una versión digital creada con herramientas informáticas.

fig. A

fig. C

fig. B

fig. D

Espiral de letras

Las letras pintadas en un plato de porcelana lo convierten en un objeto muy personal que se puede utilizar como regalo. Necesita ser planificado cuidadosamente.

Materiales

- Lápiz
- Papel

Técnica

1. Dibuja a lápiz una espiral grande sobre papel.

2. Empieza a bosquejar el alfabeto para tener una idea de cuánto espacio ocupará.

3. Reparte las letras a lo largo de la espiral.

4. Afina las formas de las letras para que sepas exactamente qué estilo de letra quieres utilizar. Sé coherente.

Antes de empezar, es una buena idea tener una «hoja de referencia» para el estilo de letra que planeas dibujar para que puedas consultarla.

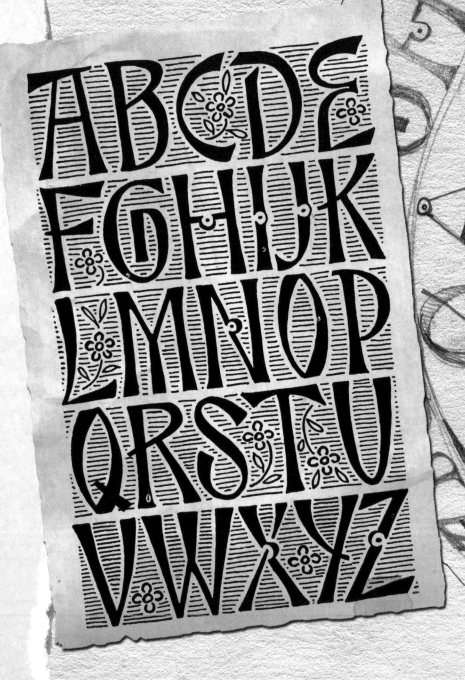

87

Materiales

- Rotuladores de pintura al agua para porcelana con puntas de distintos tamaños y colores
- Lápiz
- Toallitas con alcohol para desengrasar

Técnica

Limpia siempre el plato de porcelana con un paño con alcohol para desengrasar la superficie antes de pintarla.

1. Dibuja a lápiz con trazo fino una espiral (fig. A).

2. Dibuja con lápiz el contorno de cada letra. Dibujar a mano alzada crea un estilo muy personal (fig. B).

3. Utiliza los rotuladores de pintura de porcelana para añadir el color. Una paleta de colores limitada puede crear una apariencia más cohesiva (fig. C).

4. Una vez que la pintura esté completamente seca, mete el plato en el horno durante unos 35 minutos. Sigue las instrucciones del fabricante del rotulador con respecto al tiempo y la temperatura. Una vez cocido, el proceso está completo (fig. D).

Pintar platos

Los rotuladores de pintura al agua para porcelana son fáciles de aplicar y vienen en una amplia gama de colores y tamaños de la punta. La porcelana pintada se puede hornear para que el diseño sea permanente.

fig. A

No es un problema si cometes un error o no te gusta la forma en la que está quedando tu diseño. La pintura es al agua, por lo que puedes borrarla en cualquier etapa antes de meter la pieza en el horno.

fig. C

fig. B

fig. D

89

Materiales

- Plantillas de cartulina
- Lápiz
- Rotuladores de punta de fieltro
- Acuarelas
- Tintas
- Tijeras
- Pincel

Los lápices, rotuladores, lápices de cera y lápices de colores pueden utilizarse en papel reciclado o en papel de dibujo antes de comenzar con un alfabeto terminado.

Técnica de letras 3D

1. Sostén la plantilla firmemente mientras dibujas la forma de la letra a lápiz (fig. A).

2. Remarca el contorno a lápiz (fig. B).

3. Dibuja líneas horizontales que parezcan elevarse hacia arriba y sobre la forma de la letra (fig. C).

4. Este método crea una ilusión óptica de que la letra está levantada (fig. D).

Plantillas de letras

L as plantillas de plástico, cartulina o latón pueden utilizarse para mantener la coherencia del estilo y el tamaño de las letras. El dibujo de la plantilla puede utilizarse como punto de partida para crear muchos estilos diferentes.

fig. A *fig. B*

fig. C *fig. D*

A. Lápiz garabateado con plantilla

B. Rotulador con punta de pincel en diferentes tamaños de puntos con plantilla

C. Rotulador con punta de pincel sobre lápiz

D. Rotulador con punta de pincel sobre lápiz

E. Rotulador con punta de pincel a trazos cortos

I. Textura extraída de una revista

J. Marrón sobre naranja con rotuladores de punta de fieltro

F. Pluma de tinta, trazos cortos y rayado cruzado

H. Rotulador con punta de pincel

N. Plantilla de latón

G. Contorno de lápiz, rotulador de diferentes trazos

K. Pincel sobre la plantilla

L. Lápiz de cera al agua

M. Rotulador con plantilla

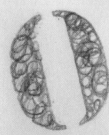

Q. Tinta

R. Rotulador de punta de fieltro

S. Tinta sobre agua

O. Garabatos con lápices de colores

P. Rayas a lápiz

Y. Garabatos con rotuladores de punta de fieltro

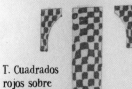
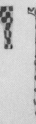

T. Cuadrados rojos sobre amarillo con rotuladores de punta de fieltro

U. Rotulador de punta de fieltro

V. Acuarela

W. Lápiz de cera al agua

X. Contorno a lápiz, relleno de tinta

Materiales

• Papel
• Tijeras
• Pegamento

Origami

El origami es el arte de doblar. Se puede usar cualquier material plano siempre que permita ser plcgado. El origami tradicional japonés se ha practicado desde el período Edo (1603-1867).

Kirigami

La palabra japonesa *kirigami* se refiere al papel que se ha doblado y cortado. El corte es más característico de la artesanía china en papel.

Técnica

1. Dibuja una cuadrícula en una hoja de papel (fig. A).

2. Sombrea aproximadamente la forma de la letra en los cuadrados (fig. B).

3. Corta un trozo de papel del ancho del cuadrado y en tiras. (Utiliza papel con estampado en un lado). Haz dobleces para formar la letra (como se muestra) siguiendo las áreas sombreadas (fig. C).

Plegar papel

Para crear estas letras inspiradas en el origami se han doblado tiras de papel. Estos ejemplos se han hecho a partir de papeles cortados, estampados con dibujos de tinta garabateados.

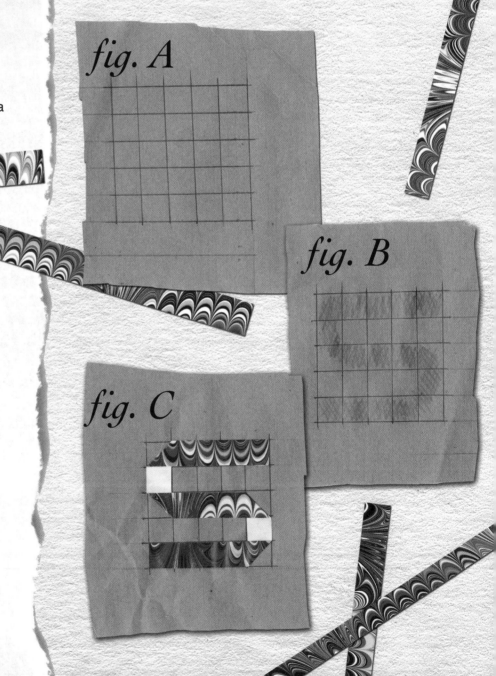

fig. A

fig. B

fig. C

ABCD
EFGH
IJKL
MNOP
QRST

Papel plegado

Las letras inspiradas en el origami hechas de tiras de papel son una manera sencilla de hacer letras tridimensionales que pueden pegarse en una hoja de soporte. Las letras pueden dibujarse para realzar o exagerar los pliegues. El papel coloreado o estampado por un lado es adecuado para este proyecto.

Materiales

- Pasteles de cera solubles en agua
- Papel para acuarela (PC)
Se pueden utilizar lápices, lápices de colores o rotuladores. Practica con papel reciclado o papel de dibujo. Dibuja un cuadrado negro para usar debajo del papel como guía para dibujar las letras a una escala similar.

Técnica

1. Comienza dibujando una cuadrícula a lápiz, cinco cuadrados de ancho por seis cuadrados de alto (fig. A).

2. Haz un sombreado a lápiz para indicar la forma de la letra (fig. B).

3. Pega tiras de papel para formar la letra. Dóblalas como se muestra. Nota: En este ejemplo, el papel utilizado está coloreado sólo por una cara. Delinea el papel con bordes blancos con un rotulador negro (fig. C).

4. Para que la letra parezca en 3D, agrega bolígrafo y lápiz de gel blanco. Escoge una fuente de luz, luego agrega sombreado a lápiz para crear sombras donde la luz no llega (fig. D).

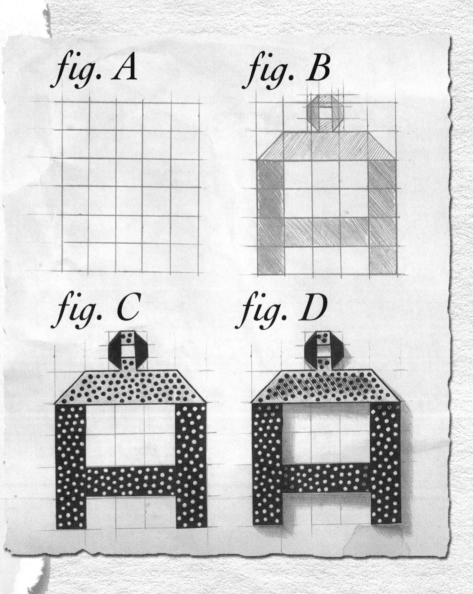

fig. A fig. B fig. C fig. D

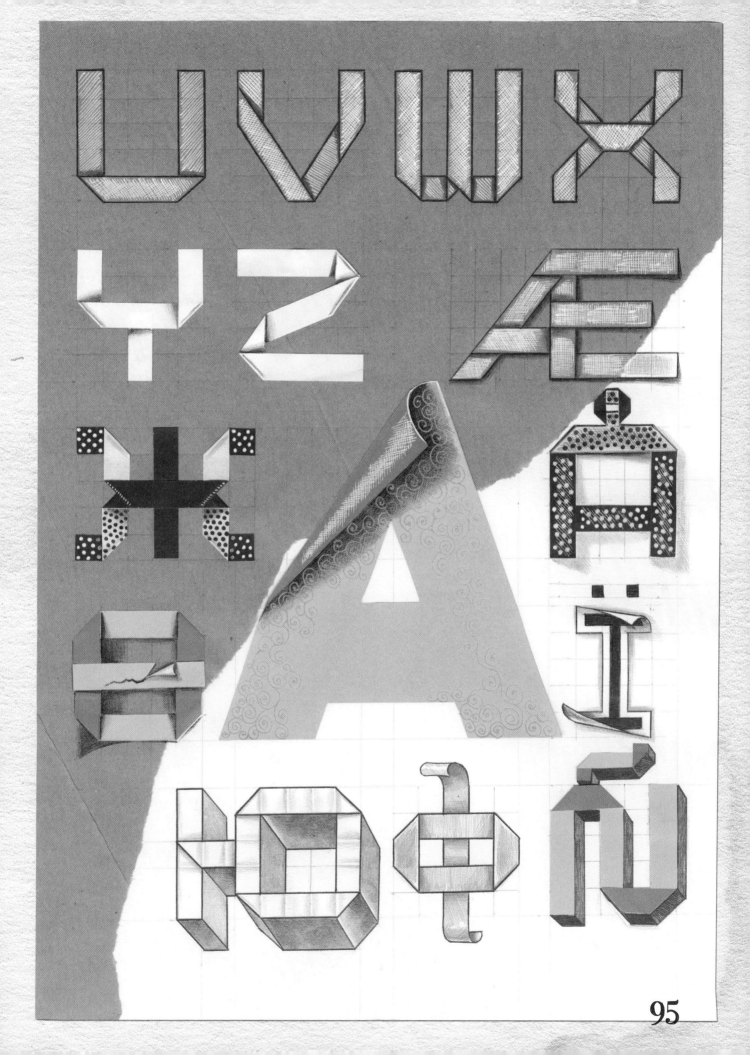

Papel cuadriculado

Materiales

- Papel cuadriculado
- Lápiz
- Bolígrafo
- Goma de borrar

El papel cuadriculado facilita hacer las letras con las mismas dimensiones. Puedes fabricarte tu propio papel cuadriculado dibujando una guía de líneas sobre papel con lápiz y regla.

Los patrones del papel cuadriculado son útiles para diseñar formas de letras modernas. Dibuja directamente sobre el papel cuadriculado o colócalo debajo del papel como guía para el espaciado y la altura de las letras.

Técnica

1. Dibuja ideas para la forma de la letra (fig. A).

2. Marca la forma de la letra (fig. B).

3. Elimina las líneas a lápiz no deseadas con una goma de borrar (fig. C).

4. Marca la forma de la letra con el bolígrafo (fig. D).

fig. A

fig. B

fig. C

fig. D

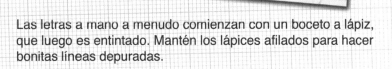

Las letras a mano a menudo comienzan con un boceto a lápiz, que luego es entintado. Mantén los lápices afilados para hacer bonitas líneas depuradas.

Letras de molde

Alfabeto 3D

• Rotuladores y lápices
• Papel

Puedes utilizar lápices, lápices de colores o rotuladores. Practica con papel reciclado o papel de dibujo. Dibuja un cuadrado con tinta negra para usarlo debajo del papel como guía para dibujar las letras a una escala similar.

Técnica

1. Dibuja a lápiz cada letra en mayúscula y en minúscula (fig. A).

2. Delinea la letra como se muestra (fig. B).

3. Dibuja líneas cortas en la dirección y el ángulo de la sombra requeridos (fig. C).

4. Agrega las líneas restantes para completar el efecto 3D (fig. D).

5. Repasa a el contorno. Elimina las líneas de lápiz no deseadas con una goma de borrar (fig. E).

6. Traza líneas sombreadas direccionales para fijar las sombras (fig. F).

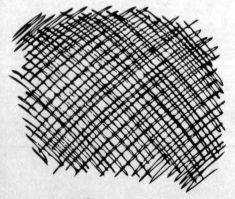

Dibujar sombras

Las sombras en las letras hacen que se destaquen y se vean bastante tridimensionales. Las sombras deben mantenerse coherentes. La dirección, profundidad y ángulo elegidos para la sombra deben ser iguales en todo el alfabeto para que las palabras sean legibles.

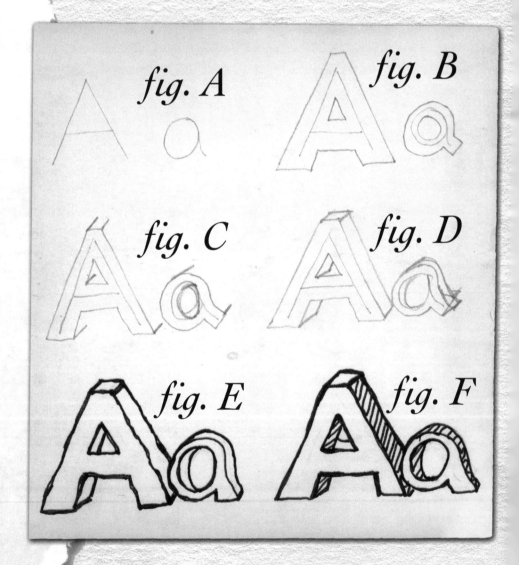

fig. A   fig. B

fig. C   fig. D

fig. E   fig. F

A a B b C c
D d E e
F f G g H h I i J j
K k L l M m N n
O o P p Q q R r S s
T t U u V v
W w X x Y y Z z

100

Capítulo VI

ESTAMPACIÓN

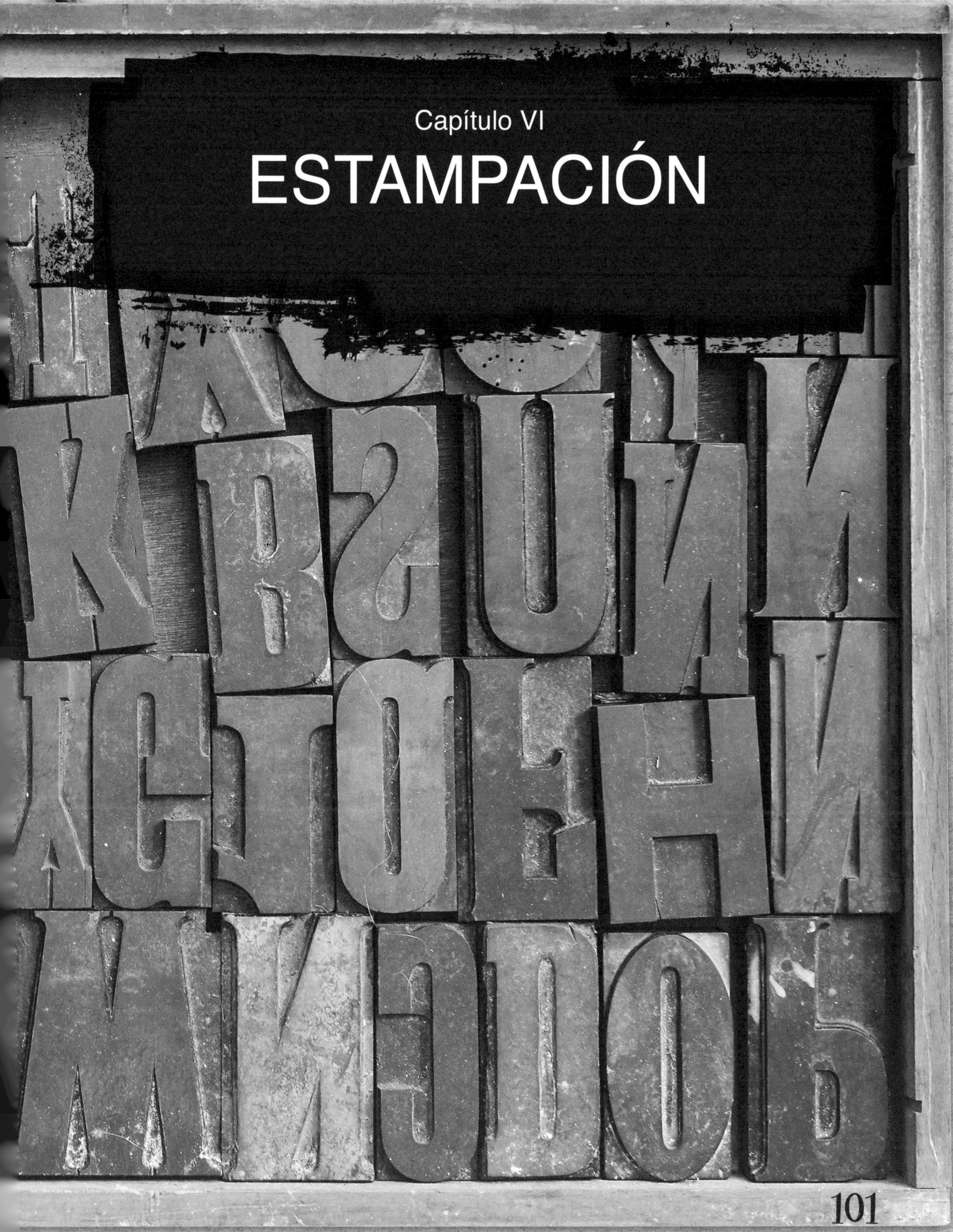

Herramientas

Materiales

- Herramientas para cortar linóleo
- Linóleo
- Lápices
- Paquete de folios
- Tinta al agua
- Cuchara de madera
- Rodillo
- Tijeras
- Bandeja de plástico o lámina de vidrio
- Rotulador
- Alfombrilla antideslizante
- Rotulador permanente

Técnica

El **linóleo** viene en diferentes calibres de dureza. El linóleo de fácil corte es más fácil de cortar y el linóleo tradicional es más difícil.

Las **herramientas** están disponibles en una amplia gama de formas. Utiliza una alfombrilla antideslizante debajo del linóleo al cortar. Ten siempre cuidado de cortar lejos de tus dedos. Supervisa a los niños cuando utilicen herramientas de corte.

La **tinta** de estampado en relieve lavable con agua imprime bien, pero también se limpia fácilmente con agua y jabón. Las tintas permanecerán húmedas durante un par de horas. Las estampaciones pueden tardar dos o tres días en secarse.

Es esencial disponer de un rodillo de goma dura. La cuchara de madera sirve para pulir el reverso de la estampación.

102

Estampación en relieve

La madera y los bloques de metal, utilizados tradicionalmente para el grabado en relieve ofrecen una sensación táctil de elementos hechos a mano. Sin embargo, el linóleo, hecho de corcho y aceite de linaza e inventado en el siglo XIX como revestimiento de suelos, es mucho más barato y más fácil de trabajar. El uso del linóleo como bloque de grabado se hizo popular a principios del siglo XX gracias a las obras de los artistas Matisse y Picasso. Más tarde, Edward Bawden diseñó carteles en linóleo para el metro de Londres.

La estampación en bloques de linóleo implica tallar el linóleo y luego entintar con un rodillo para que la imagen se pueda imprimir.

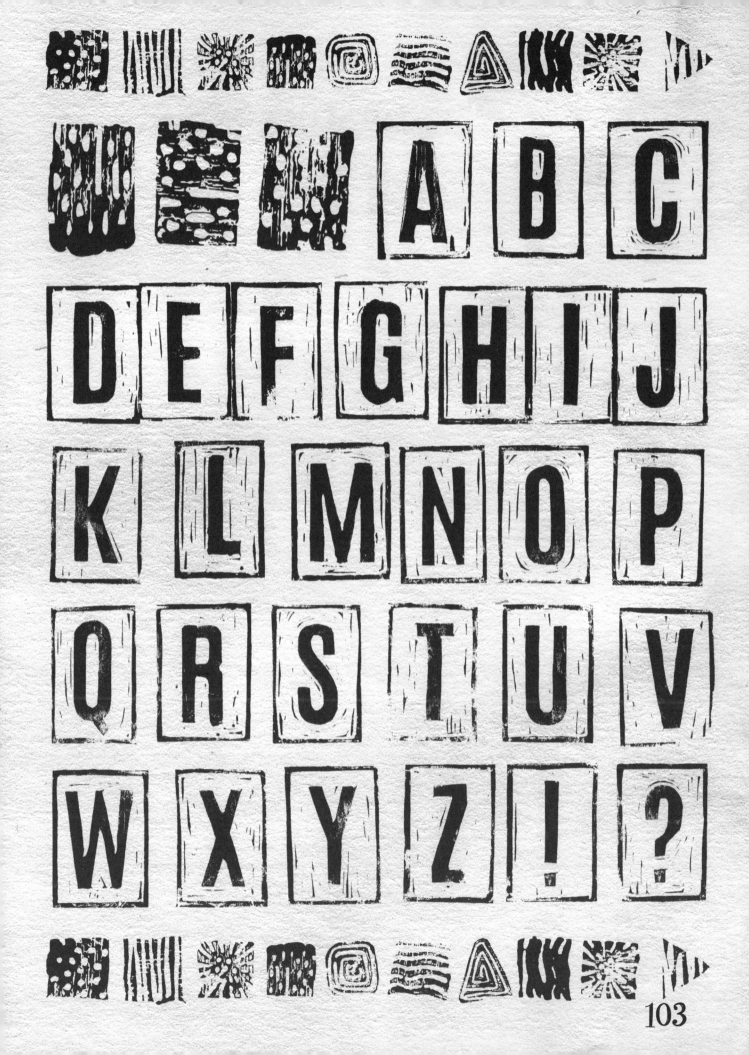

Cortado del linóleo

Técnica

1. Dibuja la silueta de la forma de linóleo en una hoja de papel (fig. A).

2. Con un lápiz suave, dibuja una letra (como se muestra). Corta el cuadrado de papel. (fig. B).

3. Coloca el cuadrado de papel boca abajo sobre el linóleo. Raya la parte posterior con un lápiz duro para transferir el dibujo al linóleo (fig. C).

4. Levanta una esquina para ver si el dibujo se ha transferido bien. La letra ahora estará al revés (fig. D).

5. Utiliza un rotulador para colorear las áreas que deseas imprimir. Haz las líneas más gruesas para que sean más fáciles de cortar (fig. E).

6. Coloca el linóleo sobre una alfombrilla antideslizante y rebaja las áreas blancas. Siempre corta lejos de los dedos y de la otra mano (fig. F).

7. Añade tinta a la bandeja o a la lámina de vidrio. Extiéndela uniformemente por la superficie con el rodillo. La tinta no debe ser demasiado espesa (fig. G).

8. Pasa el rodillo sobre el linóleo. Repite una o dos veces hasta que esté bien cubierto con una fina capa de tinta. Si se mancha de tinta alguna de las áreas rebajadas, límpiala con un paño seco (fig. H).

9. Coloca el papel encima del bloque entintado y mantenlo presionado. Con un movimiento circular, frota la parte posterior del papel con la cuchara para transferir el grabado. Con cuidado, retira el papel del bloque de linóleo. Déjalo secar de dos a tres días (fig. I).

fig. A

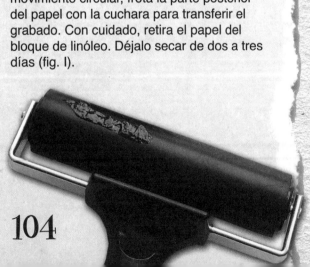

fig. B

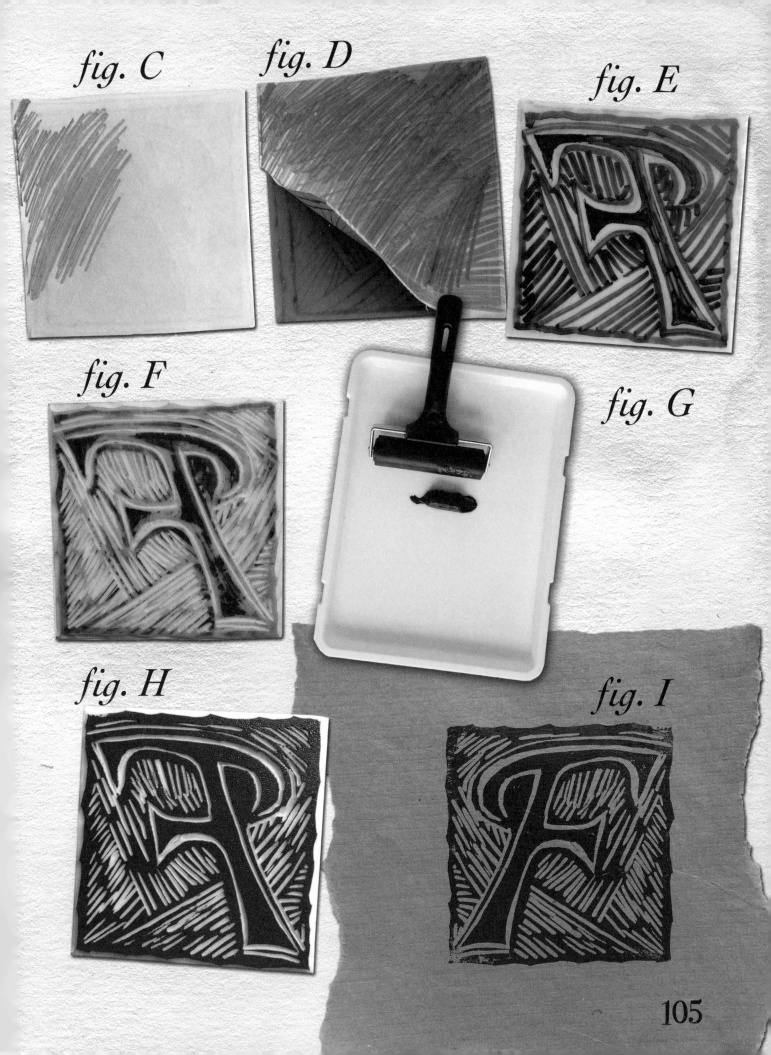

fig. C

fig. D

fig. E

fig. F

fig. G

fig. H

fig. I

105

Tarjeta de felicitación

Materiales

- Cartulina
- Piezas de tipografías antiguas (llamadas «tipos»)
- Lápiz
- Lámina de vidrio o bandeja de plástico
- Tinta de impresión en bloque al agua
- Rodillo de goma
- Cuchara de madera o de plástico

Técnica

Para la impresión de una tarjeta de felicitación: corta el tamaño de la tarjeta según sea necesario. La imagen debe estar impresa en la cara anterior de la tarjeta.

1. Elige una letra en madera (llamada tipo) (fig. A).

2. Entinta el rodillo y hazlo rodar lentamente por el tipo de madera. Repite hasta que todo el bloque esté cubierto de tinta de manera uniforme (fig. B).

3. Coloca la cara anterior de la tarjeta boca abajo sobre el tipo de madera entintado. Mantenla presionada y frota la tarjeta con el dorso de la cuchara de madera con un movimiento circular (fig. C).

4. Levanta con cuidado la tarjeta del tipo de madera. Déjala secar de dos a tres días (fig. D).

Impresión tipográfica

La impresión con tipos se originó en China en el 220 d. C. y se utilizó inicialmente para imprimir sobre sedas y posteriormente sobre papel. Cuando se inventó la tipografía con tipos móviles, las palabras se pudieron ensamblar para imprimir como texto en papel. Las letras en madera se graban en relieve: cada letra se forma rebajando el espacio «negativo» que le da forma para aislar la letra en la superficie de impresión.

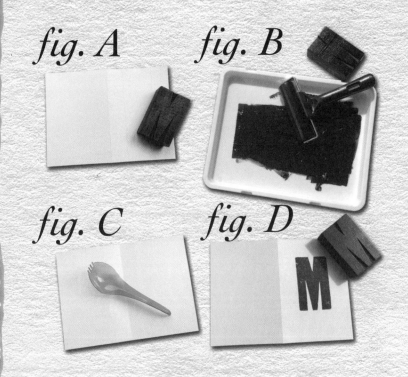

fig. A fig. B fig. C fig. D

El arte de tallar bloques de madera, o bloques de tipografía, los «tipos», se llama «xilografía». Tallado al revés, un bloque de madera imprime una versión espejada de su diseño de superficie. La superficie se entinta con un rodillo, dejando las partes rebajadas «en blanco», sin tinta. Luego, el papel se presiona contra el bloque y se frota. Las imprentas posteriores transferían la tinta al papel mediante estampación.

Materiales

- Papel
- Tipografías antiguas
- Lápiz
- Lámina de vidrio o bandeja de plástico
- Tinta de impresión en bloque a base de agua
- Rodillo de goma
- Cuchara de madera

Técnica

Las letras impresas crean atractivas impresiones de artes plásticas. Los bloques de letras entintados se colocan sobre una superficie y encima se pone el papel. Se frota con cuidado el reverso del papel con la cuchara de madera y por último se despega el papel para revelar hermosas letras impresas.

Tipografías

En la década de 1980, la tipografía ya no se utilizaba para imprimir. Los ordenadores y las técnicas de edición e impresión eran más eficientes y convirtieron en obsoleto el proceso de impresión tipográfica.

Las empresas de impresión tipográfica cerraron y sus prensas y tipos se vendieron. La tipografía ha experimentado un renacimiento como oficio para fabricar papelería de artes plásticas, ya que su uso tradicional para imprimir periódicos ya no es relevante.

La invención de la imprenta en Europa en el siglo XV hizo que los «grabados en madera» (imágenes grabadas en bloques de madera) se utilizaran para ilustrar libros.
Éstos se cortaban a la misma profundidad que el tipo tallado para que las imágenes y el texto pudieran imprimirse juntos. Las ilustraciones en bloques de madera pasaron de moda en el siglo XVII, pero en el siglo XIX los expresionistas alemanes volvieron a utilizar esta técnica para crear sus grabados en madera rígidos y estilizados.
A principios del siglo XX, el artista y crítico Roger Fry utilizó grabados en madera en elementos decorativos y para ilustrar libros, entre ellos *Twelve Original Woodcuts*, publicado por Hogarth Press.

Capítulo VII

INSPIRACIÓN

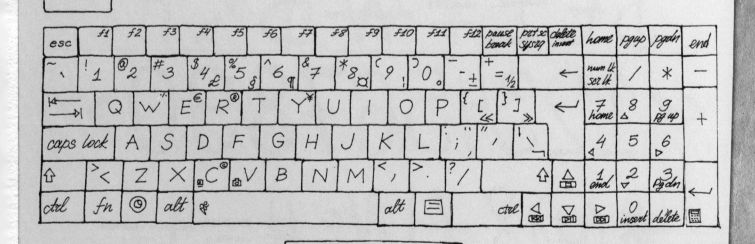

АБВГДЕЁЖЗИЙ
КЛМНОПРСТУФХ
ЦЧШЩЪЫЬЭЮЯ

$€£¥₩฿₹₽
«1234567890»
*@&/|№#=+-
!?%.:;,()□{}

अ आ इ ई उ ऊ ऋ ॠ

ऌ ए ऐ ओ औ अं अः क

ख ग घ ङ च छ ज झ

ञ ट ठ ड ढ ण त थ

द ध न प फ ब भ म

य र ळ व श ष स ह

ABCDEFG
HIJKLMN
OPQRSTU
VWXYZ

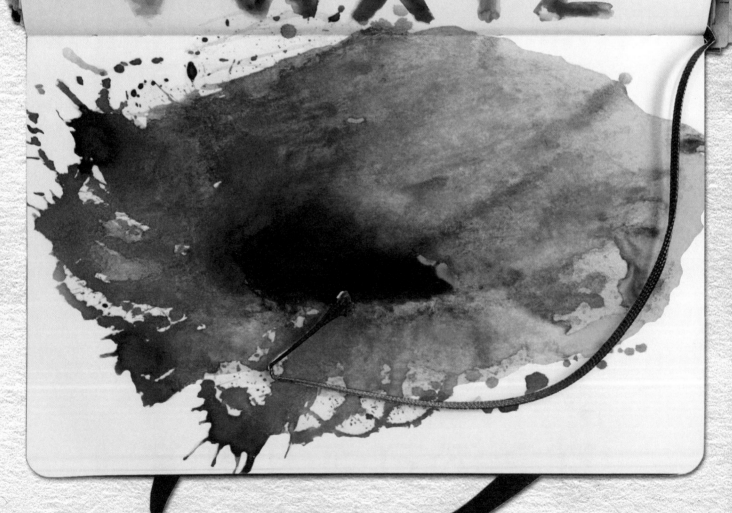

abcdeefgh
ijkklmmn
oppqrsst
uvwxyyz

ÀÁÂAABBBBCCCC.
DDDDÈÉEEFFFF:
GGGGHHHHIIIIÌÍ«»
JJJJKKKKLLLLMM
MMNNNNOOÒÓ()
PPPPQQQQRRRR
SSSSTTTTUUÙÚ;
VVVVWWWWXX
XXYYYYZZZZ??!!-

àáâaabbbbçcccc.
ddddèéeeefffffff$:
ggggghhhhfiiiiiìí«»
fjjjjkkkkkflllmm€
mmmnnññooòó()
"ppppqqqqrrrrrr"
sssssstttttuuùú·¥
vvvvwwwwxxxɛ
xyyyyzzzz??!!-@

222222333334444455555566666
777778888889999998&&&&&QQQQQQ
ZZZZZEEEEEERRRRRRTTTTTTYYYYYY
UUUUUUIIIIIIOOOOOOPPPPPPAAAAAA
SSSSSSDDDDDDFFFFFFGGGGGGHHHHHH
JJJJJJKKKKKKLLLLLLMMMMMMWWWWWW
XXXXXXCCCCCCVVVVVVBBBBBBNNNNNN
ééééééèèèèèèçççççàààààqqqqqq(((((
zzzzzzeeeeeerrrrrrtttttttyyyyyy))))))
uuuuuuiiiiiiooooooopppppplllllll!!!!!
aaaaaassssssdddddffffffggggggoᵒooo
hhhhhhjjjjjjkkkkkklllllllmmmmmm
ùùùùùùwwwwwwxxxxxxccccccbbbbbb
nnnnnnòòòòòòvvvvvv^^^^^^,,,,,,;;;;;;::::::
====== !!!!!! %%%%%% ?????? ++++++
/// ---------- ///

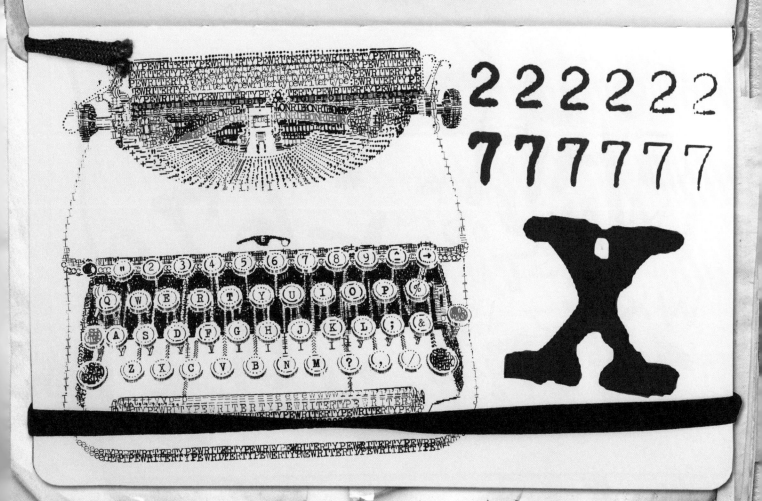

222222
777777
X

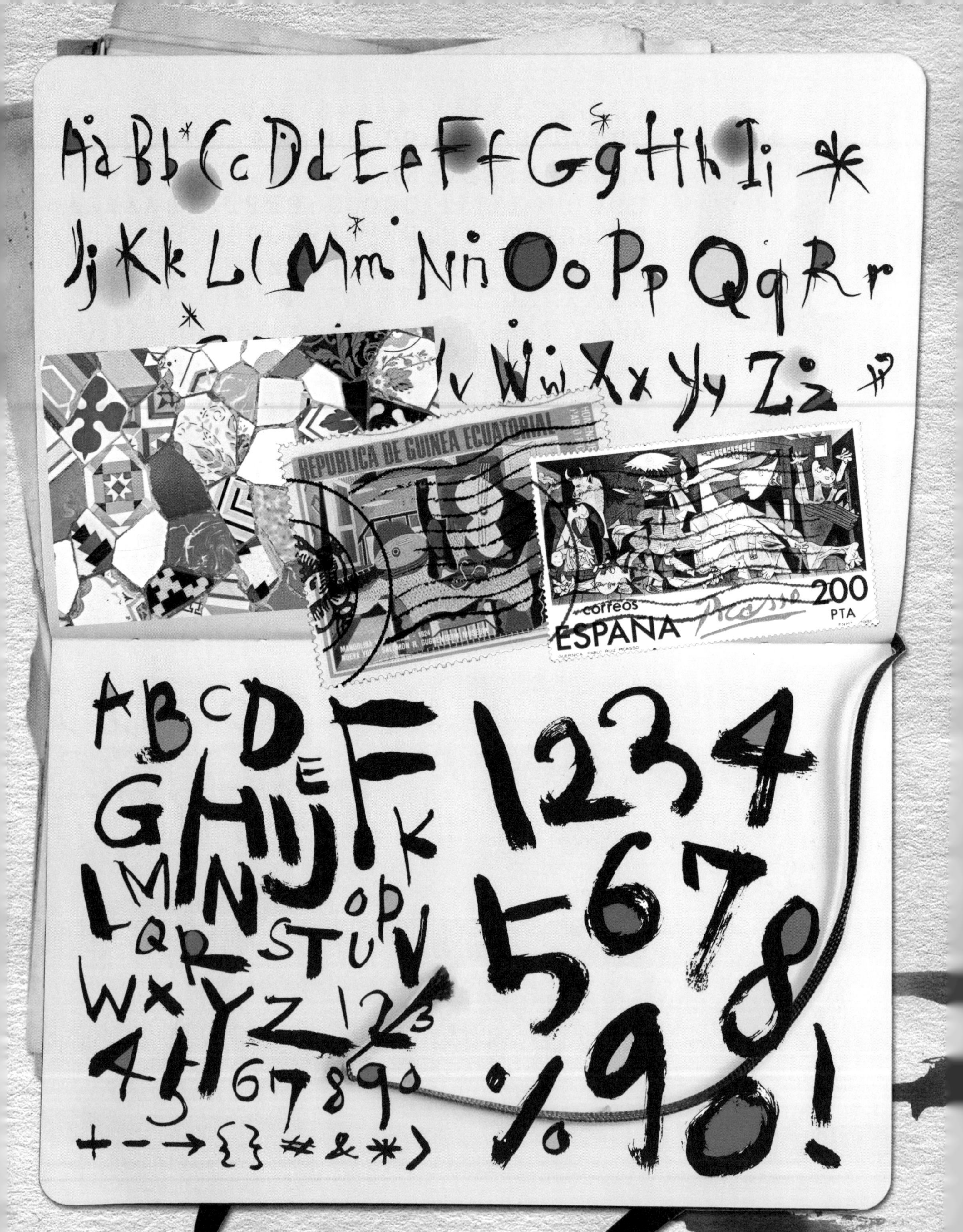

Aa Bb Cc Dd Ee Ff Gg Hh Ii *

Jj Kk Ll Mm Nn Oo Pp Qq Rr

Vv Ww Xx Yy Zz

REPÚBLICA DE GUINEA ECUATORIAL

ESPAÑA correos 200 PTA

ABCDEF 1234
GHIJK
LMNOP 567
QRSTUV
WXYZ123 8
45 67890 % 9 !
+ - → {} # & * >

AAÀÁABBBBBLLLMMMM
BCCCCCCDDDNNNNNOOÒÓ
DDEEEÈÉEFFOPPPPPQQQQ
FFFGGGGGHHQRRRRRSSS
HHHIIIIIÌÍJJWWWXX ;
JJJKKKKKKLL YYYYYZZ
SSTTTTTUUÚ XXX ZZZ
ÙUVVVVVWW :<><;:

ačiū ευχαριστώ Tack תודה
multumesc Asante Obrigado dank u terima kasih
kiitos Danke Спасбі 謝謝 দন্যবাদ
Grazie شكرا Dankie Tak
謝謝 хвала Gracias Thank you Благодаря
ধন্যবাদ Спасибо teşekkür ederim paldies Merci ďakujem Дзякуй
ধন্যবাদ salamat شكراز شكر দন্যবাদ dziękuję Sağol Děkuji
Hvala

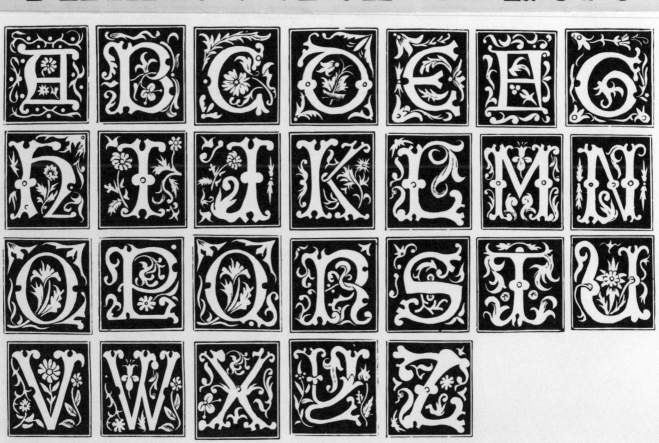

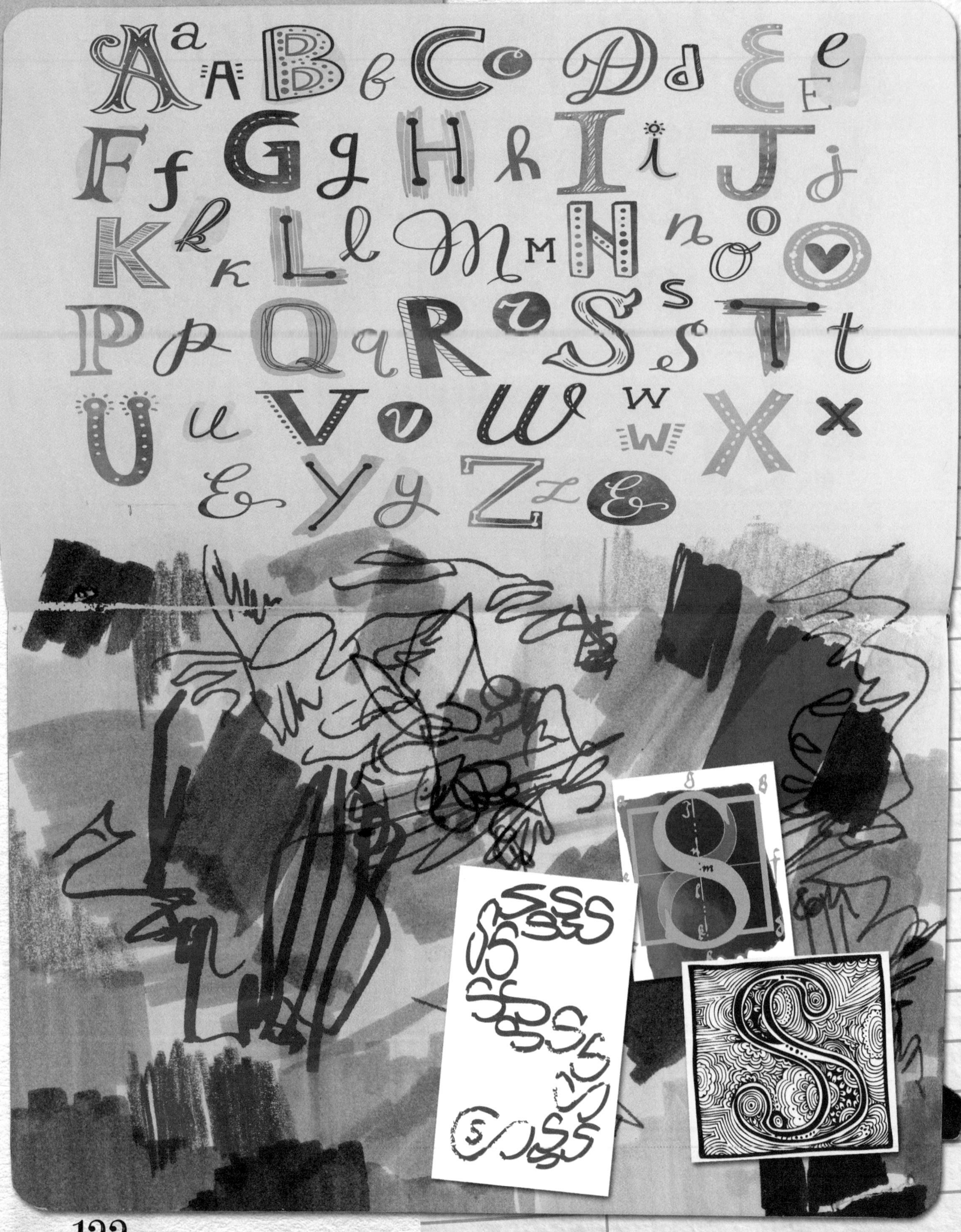

A a B ß C D E ℓ
f f @ @ G H i n
ə K K L m N ↑
O P Q R S ⅊ t T
U W X Y Z ↓

123

ABCDEFGHIJKLMN
OPQRSTUVWXYZ??!
abcdefghijklmnop
qrstuvwxyz€$£&%
1234567890@+-=

abcde f
hijklmfg
opqrstun
wqsz
xyv

abcdefghij
klmnopqrs
tuvwxyz

124

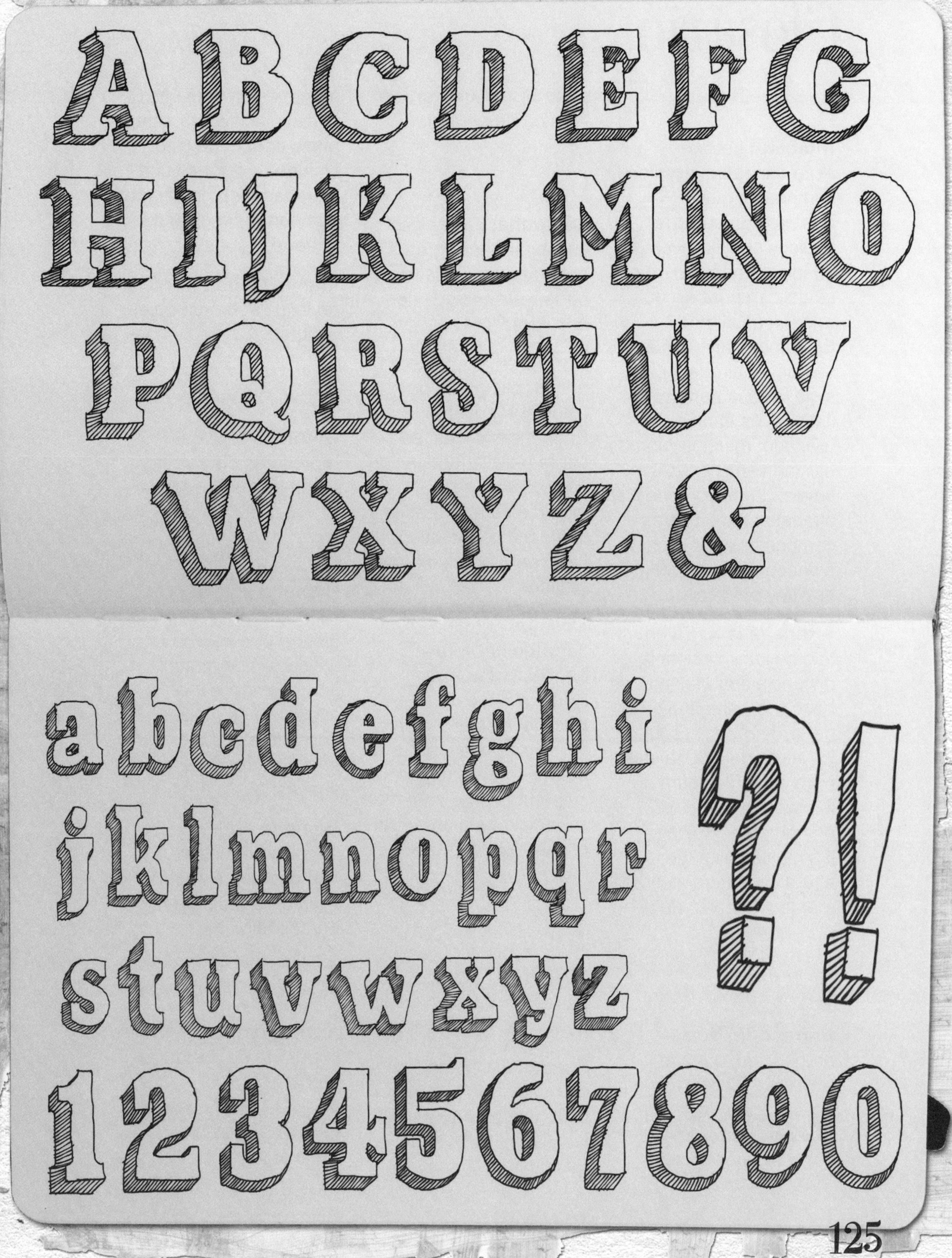

ABCDEFG
HIJKLMNO
PQRSTUV
WXYZ&

abcdefghi
jklmnopqr
stuvwxyz
?!
1234567890

Glosario

A

Alfabeto: Letras estandarizadas escritas o impresas que representan sonidos básicos significativos de un idioma hablado, que se utilizan para escribir uno o más idiomas. El alfabeto latino, que se originó alrededor del siglo VI en la península italiana, es el más utilizado; muchos idiomas utilizan variaciones suyas. La mayoría de los alfabetos tienen letras compuestas por líneas, a excepción del código braille y el morse.

Altura de la X: En un tipo de letra, denota la distancia entre la línea de base y la parte superior de las letras minúsculas. La altura de la X se utiliza para definir la altura de las letras minúsculas en comparación con las mayúsculas. Es la altura de la letra x en una fuente y también de la u, la v, la w y la z.

B

Barroco: Estilo de arquitectura, pintura y escultura. Se originó en Europa a finales del siglo XVI. En el siglo XVIII, la simetría barroca dio paso a un estilo curvado más ornamentado.

C

Caligrafía: El arte de escribir letras con un bolígrafo, un pincel u otros instrumentos de escritura.

Cartulina: Existente en una amplia gama de colores y grosores. Entre otras cosas, se utiliza para la fabricación de modelos, para montaje de arte gráfico y como material de soporte firme para obras de arte gráfico.

Collage: Término derivado del verbo francés *coller,* que significa «pegar». El *collage* es una técnica por la cual telas, papeles u otros materiales se pegan sobre una superficie para crear un ensamblaje de medios mixtos.

F

Fijador: Barniz fino que se rocía sobre los dibujos para evitar que se corran.

Fuente: En la tipografía de metal, una fuente tiene un tamaño, peso y estilo de tipografía particulares. Cada fuente es un conjunto de tipos coincidentes, una pieza para cada glifo. Un tipo de letra es una variedad de fuentes que comparten un diseño general.

Fuente de luz: Dirección de la luz sobre un objeto o dibujo.

G

Glifo: Símbolo que representa un carácter en un lenguaje escrito.

H

Húmedo sobre húmedo: Técnica de pintura que implica la aplicación de pintura húmeda sobre una superficie ya mojada. Los colores se mezclarán entre sí, creando bordes suaves.

Húmedo sobre seco: Técnica de pintura húmeda sobre superficie seca utilizada para lograr bordes afilados.

K

Kufic: Forma angular temprana de escritura árabe, utilizada tradicionalmente para escribir el Corán. En la actualidad, el Corán suele estar escrito en *naskhi*, una escritura más cursiva.

L

Lápices para acuarela: Lápices de colores que combinan pigmentos extrafinos concentrados y solubles al agua. Se usa con agua o como lápiz seco.

Líneas de estructura: Líneas ligeramente dibujadas que se utilizan como guía en las primeras etapas de un dibujo. Por lo general, después se borran.

M

Mehndi: Pasta de henna utilizada para dibujar diseños lineales en las manos y en los pies. Se utiliza para celebraciones tradicionales como bodas.

P

Papel cuadriculado: Papel impreso con cuadrículas cuadradas e isométricas en diferentes escalas. Se utilizan como guías para dibujar y escribir.

Papel de calco: Papel semitranslúcido. Se puede utilizar para realizar copias de dibujos.

Papel de dibujo: Papel blanco y fino utilizado para esbozar las ideas iniciales.

Perspectiva: Método de dibujo. Los objetos más cercanos se muestran más grandes que los objetos distantes para crear una sensación de profundidad.

Pinceles para acuarela: Tienen puntas suaves y densas para retener el contenido de agua. Hechos de pelo de animal o fibras sintéticas en una extensa variedad de estilos y tamaños.

Pintura de acuarela: Pintura soluble en agua, disponible en tubos o en bandejas. Da un color rico y saturado.

R

Rotulador: Bolígrafo con punta de fieltro que contiene tinta de secado rápido.

T

Tamaño de papel: Existe una gran gama de tamaños, entre A0 y A6, el más pequeño. El tamaño más común es el A4. Cada tamaño «A» es la mitad que el anterior: el tamaño de una hoja A4 es la mitad que el de una A3.

Tipo de letra: En tipografía, un tipo de letra es un conjunto de una o más fuentes. Una fuente se compone de «glifos» de diseño similar, aunque cada uno tiene un estilo, peso, ancho y ángulo específicos.

V

Vitela: Término derivado de la palabra latina *vitulinum,* que significa «hecho de ternera». Pergamino fabricado con piel de animal, utilizado tradicionalmente en la Edad Media para la ilustración de manuscritos, caligrafía iluminada y encuadernación.

Índice temático

Fotografías:

Shutterstock

catwalker / shutterstock

tristin tan / shutterstock